Cocina Vegetariana

Para Samay, Nick, Jonah y Amelia

Con inmenso cariño.

Tito

Jerónimo Calvo Yagüe

Cocina Vegetariana
Sana, Fácil y Deliciosa

EDAF

«PLUS VITAE»

Madrid - México - Buenos Aires - San Juan - Santiago
2006

© 2006. Jerónimo Calvo Yagüe
© 2006. De la edición, Editorial Edaf, S. A.

Cubierta, fotos, diseño y maquetación: Soledad Jiménez Avezuela

Editorial Edaf S. A.
Jorge Juan, 30. 28001 Madrid
http://www.edaf.net
edaf@adaf.net

Edaf y Morales, S. A.
Oriente, 180, n.º 279. Colonia Montezuma, 2da. Sec.
15530 México D. F.
http://www.edaf-y-morales.com.mx
edafmorales@edaf.net

Edaf del Plata, S. A.
Chile, 2222
1227 Buenos Aires, Argentina
edafdelplata@edaf.net

Edaf Antillas, Inc.
Avda. J. T. Piñero, 1594
Caparra Terrace (00921-1413)
San Juan, Puerto Rico
edafantillas@edaf.net

Edaf Chile, S. A.
Huérfanos, 1178- Of. 506
Santiago - Chile
edafchile@edaf.net

Junio 2006

Depósito legal: SE-1190-2010
I.S.B.N.: 84-414-1804-7 / 978-84-414-1804-2

PRINTED IN SPAIN   PRINTED BY PUBLIDISA   IMPRESO EN ESPAÑA

A Mario Dávila, Darlin Alejandro Vergara, Wanda López y Darwin Cuéllar, cocineros de El Vergel, *ya que sin su ayuda me hubiera sido imposible escribir este libro. Una mención especial a los responsables de* El Vergel, *ya que con su dedicación y entrega me han facilitado todo para que yo pudiera dedicar más tiempo a escribir.*

ÍNDICE

9

Hacía mucho tiempo que tenía pendiente dejar plasmadas en un libro una selección de las mejores y más fáciles recetas de cocina vegetariana, que, junto a todos los cocineros con los que he tenido el placer y la satisfacción de trabajar, he podido recopilar a lo largo de más de doce años de andadura en esta cocina tan maravillosa, tan creativa, tan sana y tan sabrosa.

Y no fue sino a propuesta de mi editor y a la insistencia de muchos asiduos clientes del restaurante EL VERGEL por lo que me decidí a dar este paso.

Este libro de recetas no pretende ser un recetario de cocina sin más, sino un manual de cocina vegetariana no solo para vegetarianos, sino para todos aquellos que quieren incluir en su dieta una alimentación más sana y natural, exenta de carne y pescado. Cada vez es mayor el número de personas que no son vegetarianos a «tiempo total», pero que desde luego la mayor parte de su dieta sí lo es, o de personas que optan por ser vegetarianos por algún tiempo definido, bien sea por salud, para eliminar grasas o para desintoxicarse. Este libro es para ellos, y con él tendrán un soporte para crear sus propias recetas, ya que se explica la elaboración de platos sencillos que pueden ser la base de otros muchos con tan solo cambiar algunos de los ingredientes. Además, no es imprescindible saber nada de cocina, las recetas son tan fáciles que cualquier persona puede atreverse con ellas con total garantía de éxito.

Todos estos platos han sido elaborados en el restaurante EL VERGEL, el cual tengo la suerte de dirigir, y puedo dar fe de que han sido los platos que más expectación han causado entre los clientes del mismo, ya sea por su sencillez, por su sabor o por su increíble mezcla de colores y sabores, con ingredientes desconocidos para algunos y, sin embargo, tan fáciles de encontrar en cualquier herbolario.

Mi agradecimiento a todos aquellos que de una u otra forma han colaborado en este libro, especialmente a los cocineros y al equipo de EL VERGEL, ya que sin su ayuda no hubiera sido posible hacerlo.

Solo me queda invitarlo a que se adentre en el mundo de la cocina vegetariana de la manera más fácil y placentera de hacerlo, que no es otra que la de elaborar y disfrutar usted mismo de estos platos. Estoy convencido de que pronto comprobará que nunca hubiera imaginado que fuese tan fácil ser vegetariano.

ESTE LIBRO ES PARA USTED AUNQUE NO SEA VEGETARANO

Sí, ha leído bien.

Si está leyendo esto y no es vegetariano, es que está interesado en una alimentación más sana y natural y ha preferido prescindir, parcial o totalmente, en su dieta de carnes y pescados. Como sabe, hay muchas opciones, algunas personas toman huevos, pero no lácteos ni sus derivados, otras toman lácteos, pero no huevos, otras no comen ni huevos ni lácteos (veganos), y la gran mayoría toman huevos y lácteos (ovolactovegetarianos)

Si quiere conocer esta manera de alimentarse, puede ir explorando poco a poco la forma que prefiera y buscar la que desee.

Este libro le va a ayudar a introducirle en la alimentación vegetariana de una manera muy sencilla, pues comprobará lo fácil que resulta alimentarse sin tener que consumir carne ni pescado, sin por ello tener que prescindir de todos los nutrientes que se necesitan para tener una alimentación equilibrada, y sin renunciar al placer de comer, ya que lo que más le sorprenderá será el delicioso sabor de los platos.

Si ya es vegetariano, este libro puede ser un magnífico manual para poner a prueba su creatividad en la cocina, pues estos platos pueden ser la base de muchísimos otros, consiguiendo sabores deliciosos con tan solo darle un toque personal modificando alguna especia o ingrediente.

Tanto para unos como para otros, este libro pretende ser algo más que un libro de recetas de cocina vegetariana, y comprobará, posiblemente con sorpresa, la facilidad con que se elaboran estos platos, y sobre todo lo sabroso que le resultarán al paladar.

¡VIVAN LOS VEGETALES! ¡VIVA LA SALUD!

Está demostrado científicamente que las personas que se alimentan con una dieta vegetariana son menos propensas a padecer enfermedades cardiovasculares, cáncer, obesidad o trastornos intestinales, y esto es principalmente porque la alimentación vegetariana es baja en grasas y muy rica en vitaminas y fibra.

Además, el consumo de vegetales nos aporta antioxidantes fundamentales que protegen nuestro organismo de agentes externos.

En cuanto a las proteínas, estas se obtienen de los frutos secos, de las legumbres, de la leche y del huevo.

Es muy difícil encontrar a un vegetariano obeso, y ya eso, en sí mismo, es una buena noticia para la salud. El descansar de la carne es también un buen ejercicio para nuestro sistema digestivo e intestinal, ya que es un alimento del que hemos abusado innecesariamente en esta sociedad del exceso y despilfarradora. El nuevo vegetariano notará enseguida una mejora de sus digestiones y un mejor funcionamiento de su intestino, pero el mayor beneficio de la dieta vegetariana estriba en el hecho de que los vegetarianos consumen una mayor cantidad de vegetales, de alimentos integrales, una mayor variedad de cereales, una mayor cantidad de legumbres e incorporan a su dieta frutos secos y semillas, alimentos también casi desterrados de la dieta convencional. Es decir, un completísimo abanico de nutrientes imprescindibles para el buen funcionamiento del cuerpo.

Estos alimentos son esenciales para un organismo sano por su alto contenido en vitaminas, minerales, ácidos grasos esenciales y fotoquímicos. Este tipo de nutrientes son los más escasos en la habitual y pobre dieta industrializada, ya que, al procesar los alimentos, estos se pierden o se transforman. Un organismo sano necesita de todas las herramientas para conservar la salud, y las que nuestro organismo utiliza son los nutrientes esenciales que se encuentran sobre todo en los vegetales, cereales integrales, legumbres y frutos secos.

Es muy importante comer alimentos crudos, zumos naturales, ensaladas, etc. Desde EL VERGEL los incito a comer ensaladas a diario; una buena comida debería ir siempre acompañada de una buena ensalada. Las ensaladas reúnen los beneficios de los vegetales con la ventaja de comerlos en su estado puro, es decir, con su contenido intacto de enzimas vivas y vitaminas.

Las sopas son otra buena forma de comer vegetales sin perder demasiados nutrientes en la preparación, ya que el potasio que se pierde al cocinar los vegetales se recupera al consumir el líquido de cocción como ocurre cuando comemos sopas o cremas.

Siendo esto así, ¿por qué renunciar a tener salud, cuando lo tenemos al alcance de la mano de un modo tan fácil?

En realidad, ser vegetariano es simplemente ser consciente y responsable de aquello que comemos. El desarrollo de esta sociedad nos ha educado en la comida rápida, industrializada, elaborada con un montón de elementos artificiales, y además, se ha sobrestimado el valor de la proteína animal forzándonos a una dieta demasiado saturada de toxinas. Es la opción de cada cual elegir, y los vegetarianos hemos preferido otro modo más racional y sano de alimentarnos.

SI ALGUNA VEZ PENSÓ QUE LA COCINA VEGETERIANA ERA ABURRIDA, SE EQUIVOCÓ

Como ya he comentado anteriormente, este libro de recetas es un manual para elaborar cientos de platos con sabores diferentes, sustituyendo o incorporando nuevos ingredientes.

A diferencia de la comida donde se incluyen la carne y el pescado, en la que los vegetales suelen ser la parte decorativa del plato, en la alimentación vegetariana son la base principal del mismo, por lo que si tenemos en cuenta que podemos obtener en el mercado cerca de 100 variedades distintas de vegetales, sumados a los cereales y legumbres, cada uno de ellos con su sabor característico, imagínese las posibilidades casi infinitas que existen de elaborar platos con cada uno de ellos como alimento principal del mismo o de combinaciones entre ellos.

Además, hay que valorar la belleza multicolor que nos proporcionan, que hace que con solo ver el plato ya apetezca comerlo.

En fin, que si quiere disfrutar y divertirse en la cocina, lo animo a que empiece a introducir alimentos vegetales en su dieta en mayor proporción. Encontrará una fuente de creatividad y de experimentación con colores, sabores, texturas y olores que difícilmente podrá encontrar en la cocina que utiliza la carne y los pescados. Y le aseguro que siempre, siempre, le sorprenderá del enorme placer al paladar que representa esta cocina y que hará que disfrute alimentándose sanamente.

¿QUÉ ES ESO DE LOS INTEGRALES? ¿Y LOS GERMINADOS?

Un cereal integral es aquel que consumimos con su cáscara, es decir, tal y como se recolecta. La alimentación convencional los procesa y les quita la cáscara, eliminando así la mayor parte de sus nutrientes.

Por ejemplo, al procesarlos se les quita el salvado y el germen, además de gran parte de sus vitaminas y minerales.

Además, un cereal integral es más sabroso que uno procesado y nos aporta gran cantidad de fibra que hace que nos regule el tránsito intestinal, nos aporte antioxidantes que nos previenen del cáncer y nos reduzca los niveles de colesterol.

El arroz integral es un componente esencial de la comida vegetariana que preferimos al arroz común. La razón es que el arroz integral es un alimento de fácil digestión y, como hemos dicho, al contener fibra, ayuda a regular el tránsito intestinal tanto en personas con tendencia a la diarrea como al estreñimiento. Eso se debe a su contenido en vitamina B_1, regulador del pH intestinal.

Respecto al valor de los germinados, debemos recordar que las semillas de los cereales y de las legumbres no se pueden consumir crudas debido a su bajo porcentaje en agua, por lo que su uso se reduce a consumirlas habitualmente cocidas, como, por ejemplo, los garbanzos o las lentejas.

Al cocerlas pierden parte de sus propiedades, que quedan en el agua de la cocción, mientras que en la germinación mantienen todos sus nutrientes.

Para germinar los cereales o las legumbres, hay que lavarlos bien y dejarlos en remojo durante una noche en agua tibia.

Después se colocan en un recipiente o en una germinadora de las que se venden en los herbolarios. Es muy importante mantenerlas húmedas, por lo que todos los días comprobaremos que tienen suficiente humedad. La germinadora o el recipiente hay que colocarlo en un lugar donde reciba indirectamente la luz del Sol. En cuatro o cinco días tendremos semillas germinadas para tomar crudas.

Además de su sabor, son un gran complemento en las ensaladas, ya que aportan una gran cantidad de nutrientes como vitaminas y sales minerales.

El término alimento ecológico es sinónimo de salud y de natural.

Un alimento ecológico es aquel que ha sido cultivado respetando su ciclo natural y que ni en su cultivo, ni en su recolección, ni en su elaboración, ni en su preparación, se han utilizado sustancias químicas, ya sean fertilizantes, conservantes, potenciadores de sabor, etc.

Además, la tierra donde han sido cultivados debe de estar limpia de antiguos residuos tóxicos como los que suele dejar la agricultura convencional.

La diferencia entre los alimentos de uno y otro cultivo está principalmente en su sabor, mucho más intenso y natural en el ecológico.

Pero también en su aporte nutricional, mucho más elevado en el ecológico.

Por poner un ejemplo, en muchos casos habrá podido observar que al abrir un tomate con una presencia exterior maravillosa, su interior aparece casi vacío, prácticamente sin pulpa, y eso se debe a que provocan su crecimiento artificialmente rápido para obtener más cosechas de la misma planta, pero obviamente se pierden nutrientes esenciales que ofrece el tomate en su crecimiento natural.

Otro ejemplo es el de las espinacas, acelgas, remolachas, o cualquier otra hortaliza que se cultive muy cerca del suelo.

Haga la prueba de cocer por separado unas acelgas convencionales y otras cultivadas ecológicamente, o sea, del modo natural de siempre.

Durante la cocción, solo ya el fuerte olor que desprende la convencional es muy distinto al natural de la ecológica.

Pero en el sabor está la prueba definitiva.

Pruebe primero la ecológica y después la convencional.

Le aseguro que en ese momento tomará conciencia y empezará a interesarse más por los alimentos ecológicos.

Hay que tener en cuenta, además, que los alimentos ecológicos tienen más nutrientes que los convencionales, por lo que necesitaremos menor cantidad de alimento para obtener la misma cantidad de nutrientes, y de este modo su mayor precio se compensa, aunque la gran ventaja de consumir alimentos de este tipo es que no tienen residuos tóxicos y su salud se lo agradecerá más de lo que supone.

De ahí que en nuestras recetas recomendamos productos ecológicos, salvo aquellos en los que su comercialización es aún muy limitada y no son fáciles de conseguir.

PREPARE SU DESPENSA

Para seguir una alimentación vegetariana necesitamos una despensa con ingredientes muy comunes y que son muy fáciles de encontrar en cualquier herbolario.

Dejo una lista de estos ingredientes básicos para elaborar estas recetas, aunque supongo que muchos de ellos ya formarán parte de su despensa actual, por lo que solo tendrá que añadir o sustituir algunos productos.

LECHE DE SOJA
Sustituye a la leche de vaca.
Es muy rica en proteínas y muy baja en grasas.

Salvo en los postres en los que la leche de vaca sea su ingrediente principal, se puede sustituir en casi todos los platos sin que por ello se vea alterado el sabor de la receta.

HARINA DE MAÍZ
Es la alternativa a la harina integral de trigo y es tolerada por los celíacos, pues no contiene gluten.
Sube un poco menos que la del trigo y su sabor es muy agradable en sopas y bizcochos.

Tofu

Es un queso hecho con leche de soja.
Muy rico en proteínas, sustituye a la carne o pescado y es más beneficioso para nuestro organismo al contener muy pocas grasas.

Miso

Es una pasta que se obtiene fermentando largo tiempo soja, sal y casi siempre algún cereal. Muy rico en proteínas.

Tamari

Salsa hecha con soja, sal marina fermentada y agua. Se utiliza como condimento para sopas, verduras y cereales como sustituto de la sal. Se puede encontrar como salsa de soja.

Algas

Voces autorizadas dicen que son el alimento del futuro, pues son muy ricas en minerales, sales minerales y vitaminas.
Acompañan muy bien a cereales, verduras y ensaladas.

Seitán

Es el gluten del trigo prensado y llamado por muchos «la carne vegetariana», pues tiene una textura similar. Muy rico en proteínas.

Aceite de Oliva Virgen

Procure utilizar de primera extracción en frío, pues de esa manera obtendrá todas sus propiedades, principalmente su riqueza en vitamina E. Hoy en día hay numerosísimos estudios que demuestran lo extraordinario para la salud que es este alimento.

Vinagre de Manzana

Mejor que el de vino por su poder alcalinizante.
Está considerado como un quemagrasas muy eficiente.
Lo utilizamos para aliñar ensaladas.

Azúcar de caña Integral

Conserva más minerales que el azúcar refinado.

Plantas aromáticas

Desde la más remota Antigüedad se han utilizado este tipo de plantas para condimentar los alimentos. Además del sabor que proporcionan a los platos, son variados los beneficios que aportan al organismo por las propiedades medicinales que muchas de ellas tienen.
Recomendamos tener siempre en la despensa:

Hierbabuena.	Albahaca.
Pimienta blanca y negra.	Orégano.
Nuez moscada.	Mostaza.
Comino.	Cayena.
Pimentón.	Cilantro.
Estragón.	Perejil.

Sal de Hierbas

Sal marina con hierbas aromáticas como el tomillo, la albahaca, el romero o el orégano.
Buen sustituto de la sal común, pues tiene menos sodio.

Margarina Vegetal

La margarina vegetal se elabora a partir de aceites vegetales.
Resulta más saludable que la mantequilla por la mejor composición nutricional de sus grasas, tiene mayor proporción de grasas insaturadas que la mantequilla y, al provenir de aceites vegetales, es apta para los veganos.

Caldo Vegetal

Una forma fácil de obtenerlo es cociendo en abundante agua con un puñado de sal de hierbas las cáscaras o parte exterior de las verduras que no utilizamos para los platos que tenemos que elaborar y guardando el caldo en frío hasta que lo utilicemos en lugar de agua.

Harina Integral

Se obtiene al moler el grano de trigo entero, es decir, con su cáscara —el salvado— y el germen. Por su alta cantidad de nutrientes, es considerado uno de los alimentos más completos del organismo.

FRUTOS SECOS

Los frutos secos son una fuerte energética de primer orden y especialmente ricos en minerales y vitaminas. En el ámbito de la salud, hoy en día se ha demostrado la capacidad que tienen para el control del colesterol, especialmente las nueces. En vuestra despensa no pueden faltar:

ALMENDRAS

Frutos seco muy energético y rico en mineral es y vitaminas.

CACAHUETES

Rico en grasas poliinsaturadas, proteínas, vitaminas y sales minerales.
Controla los niveles de colesterol.

PIÑONES

Ricos en grasas y minerales y muy recomendado contra el cansancio.

NUECES

Ricas en minerales y en vitamina B.
Especialmente indicadas para el colesterol, ya que baja notablemente sus niveles.
Asimismo, beneficia la circulación cerebral, por los que es recomendable para estudiantes y personas de la tercera edad.

NUESTRAS RECETAS

Hemos intentado conservar en nuestras recetas de comida vegetariana los platos típicos más habituales como pueden ser croquetas, pasteles o platos de pasta, pero también hemos introducido otros con legumbres, hortalizas y vegetales, que no suelen ser tan comunes en la mesa tradicional. Las legumbres solían formar parte de nuestra dieta en tiempos de nuestras abuelas, pero hoy en día tendemos a olvidarnos de ellas. Como media, se las suele consumir como máximo una vez a la semana e incluso menos en verano. Un gran error, pues las legumbres son un alimento muy completo, bajo en grasas, alto en nutrientes y rico en fibra. Las deberíamos incluir en nuestra dieta al menos tres veces a la semana e incluso más a menudo si somos vegetarianos estrictos.

El problema que tiene la legumbre es que tarda más en cocinarse, y en algunos casos requiere que se la deje en remojo unas horas antes. Hoy en día tenemos también poco tiempo para cocinar y por tanto dedicamos poco tiempo a nuestra nutrición. Aquí hemos introducido platos sencillos de legumbres a la vez que sabrosos. El dedicarle tiempo a nuestra cocina implica una mayor concienciación de lo que comemos, una mayor dedicación y amor que no solo estamos volcando en la preparación de los alimentos, sino en nosotros mismos.

SALSAS

Nuestras salsas son una ayuda imprescindible para que el paladar vaya aceptando nuevos sabores.
También, al introducir especies como la mostaza, la albahaca, el cilantro, la pimienta, etc., podemos enriquecer platos sin necesidad de usar una cantidad excesiva de sal, grasas o azúcares. Las salsas realzan sabores de la comida vegetariana y son estupendas tanto para el principiante que está acostumbrado a los sabores fuertes, como para los niños que necesitan que les «engañen» el paladar para empezar a comer más vegetales y alimentos sanos sin tener que recurrir al clásico kétchup o a la mayonesa industrial.

Poco más queda añadir.
Así que pasen sin miedo, disfruten del placer de la cocina y sean felices alimentándose de un modo sano y ¡delicioso!

• Las cantidades de los ingredientes de las recetas están calculadas para **cuatro personas**.

• En todas ellas se da por hecho que todas las verduras, semillas y frutas han sido **lavadas** muy bien antes de procesarlas.

• Las lechugas, espinacas y coles deberemos deshojarlas y dejarlas en remojo con agua y un **chorrito de vinagre de manzana** durante unos 15 minutos antes de trabajar con ellas.

• Todas las recetas tienen unas indicaciones donde se hace saber si el plato es **apto para celíacos**, es decir, que ningún ingrediente de los que se compone el plato lleva gluten, o si lo pueden tomar los **veganos**, es decir que el plato no está elaborado con ningún ingrediente de origen animal, es decir, sin huevos, ni leche de vaca y sus derivados. La mayoría de los platos pueden ser veganos si se sustituyen los huevos y los lácteos por leche de soja y margarina vegetal, y aptos para celíacos si se sustituye el trigo por el maíz, pero, como en muchos de ellos el sabor se vería afectado, solo he indicado estas posibilidades donde la sustitución de estos ingredientes no varía significativamente el sabor final del plato.

• Os recuerdo mi consejo sobre la utilización, en la medida de lo posible, de **alimentos ecológicos**, pues sin contar los beneficios que obtenemos con ellos en cuestión de salud, aportan mayor número de nutrientes que los no ecológicos, y mantienen su sabor y olor originales.

¡Buen provecho!

ENTRANTES

✳ *Dificultad:* Fácil

🕐 *Tiempo de preparación:* 30 minutos

Champiñones a la Gallega

Ingredientes

- ✓ 12 champiñones medianos
- ✓ 750 g de patatas para cocer
- ✓ 1 pizca de pimentón
- ✓ Aceite de oliva virgen
- ✓ 1 diente de ajo
- ✓ Perejil

Indicaciones

- Plato vegano.
- Plato tolerado por celíacos.

Elaboración

- En una olla se ponen las patatas enteras a cocer durante 15 minutos.

- Mientras se cuecen las patatas, limpiamos bien los champiñones y los cortamos en láminas no muy finas.

- Cuando las patatas estén *al dente*, salteamos a fuego vivo los champiñones durante unos cinco minutos en una sartén con una cuchara sopera de aceite de oliva y el ajo bien picado.

- Sacamos las patatas de la olla, las pelamos y cortamos en láminas de un centímetro de grosor y colocamos las láminas en una bandeja.

- Cada lámina de patata se cubre con el champiñón y se espolvorea con pimentón, perejil picado y un chorrito de aceite.

Una deliciosa variante de un plato clásico.

* *Dificultad:* Media
* *Tiempo de preparación:* 20 minutos

BOCADITOS VEGETALES

Ingredientes

- ✓ 200 g de harina integral de trigo
- ✓ 1 huevo
- ✓ 10 cl de leche de soja
- ✓ 50 g de mantequilla
- ✓ Sal de hierbas
- ✓ 1 cucharada pequeña de fructosa
- ✓ 1 lechuga pequeña
- ✓ 1 tomate grande
- ✓ 1 cebolla mediana
- ✓ 8 espárragos blancos de lata
- ✓ 4 lonchas de queso gouda
- ✓ 1 cucharada sopera de aceite de oliva
- ✓ Salsa veganesa (ver receta en página 173)

Indicaciones

- ◉ La harina integral hay que tamizarla para los rebozados con el fin de separar el salvado y quede más fina.

Elaboración

- ◉ En un bol tamizamos la harina y le añadimos el huevo, la leche de soja, la sal de hierbas, la fructosa y la mantequilla, que previamente habremos derretido.

- ◉ Removemos hasta obtener una masa no muy densa.

- ◉ En una sartén antiadherente ponemos un poquito de aceite de oliva y añadimos un poco de la masa obtenida de la mezcla anterior hasta cubrir el fondo de la sartén para obtener una crepe fina.

- ◉ Tostar por ambos lados hasta dorarlos.

- ◉ Picamos la lechuga y el tomate en tiras finas, y la cebolla en rodajas.

- ◉ Colocamos una crepe en un plato y la rellenamos con un poco de lechuga, dos rodajas de tomate, un poco de cebolla, una loncha de queso y dos espárragos, luego se añade la salsa por encima. Se enrolla y se sirve.

Una receta magnífica para sorprender a sus invitados de la manera más sana.

✳ *Dificultad:* Fácil

🕐 *Tiempo de preparación:* 15 minutos

Tortitas de Maíz Rellenas de Calabacín

Ingredientes

- ✓ 4 tortitas de maíz*
- ✓ 1 cebolla grande
- ✓ 1 calabacín mediano
- ✓ 1 puerro pequeño
- ✓ Sal de hierbas
- ✓ 1 cayena
- ✓ 1 ramita de cilantro

Indicaciones

- Plato vegano.
- Plato tolerado por celíacos.
- *Se puede sustituir por tortitas de trigo, pero en este caso no sería apto para los celíacos.

Elaboración

- Cortamos en cubitos pequeños la cebolla y el calabacín
- Sofreímos la cebolla y el puerro durante cinco minutos.
- Añadimos luego el calabacín, el cilantro, una pizca de sal de hierbas y la cayena.
- Sofreímos cinco minutos más y rellenamos las tortitas.
- Se puede acompañar con una salsa de tomate frito o veganesa.

De origen mexicano, este plato hará las delicias de quien le guste la comida sabrosa y picante.

23

* *Dificultad:* Fácil
* *Tiempo de preparación:* 10 minutos

CANAPÉS DE AGUACATE CON ESPINACAS

Ingredientes

- ✓ Pan de centeno integral
- ✓ 50 g de hojas de espinaca
- ✓ Un aguacate maduro
- ✓ Salsa veganesa
  (ver receta en pág. 173)

Indicaciones

- Plato vegano.
- Plato tolerado por celíacos.

Elaboración

- Se corta el pan en rodajas finas, le quitamos los bordes y lo untamos con la salsa veganesa.

- Lavamos muy bien las hojas de espinacas, escurriéndolas y reservandolas.

- Partimos el aguacate por la mitad y lo deshuesamos, cortándolo en láminas no muy finas.

- Cubrimos el pan con las hojas de espinacas y colocamos encima tres o cuatro rodajas de aguacate, y volvemos a poner salsa veganesa por encima al gusto.

Un canapé sabroso y sano. Utiliza tu imaginación para confeccionar otros canapés, utilizando vegetales y salsas de este libro.

* *Dificultad:* Fácil
* *Tiempo de preparación:* 10 minutos

BERENJENAS REBOZADAS

Ingredientes

- ✓ 3 berenjenas medianas
- ✓ 2 huevos
- ✓ 100 g de harina integral de maíz o trigo al gusto
- ✓ Sal de hierbas
- ✓ Aceite de oliva virgen
- ✓ 10 cl de leche de soja

Indicaciones

- Plato tolerado por celíacos si la harina es de maíz.

Elaboración

- Lavamos bien la berenjena, la cortamos en medallones no muy finos y ponemos aceite a calentar.

- Batimos los huevos y le añadimos la leche y una pizca de sal, rebozamos los medallones con la harina y después el huevo.

- Freímos en el aceite bien caliente hasta que estén doradas, finalmente secamos con papel de cocina y servimos sobre un fondo de remolacha y zanahoria cortada en juliana.

- Se puede servir con una salsa a la pimienta servida aparte.

Una receta sencilla que deleitará todo paladar, y que puede servir como acompañamiento o de primer plato.

25

* *Dificultad:* Fácil
* *Tiempo de preparación:* 12 minutos

Setas a la Plancha con Albahaca y Vino Tinto

Ingredientes

- ✓ 1 kg de setas de cardo
- ✓ 1 diente de ajo
- ✓ 1 ramita de albahaca
- ✓ 1 cucharada de aceite de oliva virgen
- ✓ 1 chorrito de vino tinto
- ✓ Sal de hierbas

Indicaciones

- ● Plato vegano.
- ● Plato tolerado por celíacos.

Elaboración

- ● Lavamos bien las setas, las cortamos los tallos y picamos el ajo en trozos muy finos

- ● En una sartén echamos el aceite de oliva y, cuando esté caliente, añadimos las setas y el ajo picado por encima.

- ● Cuando se hayan dorado por un lado, les damos la vuelta y les echamos por encima la albahaca bien picada, una pizca de sal de hierbas y las rociamos con vino tinto.

- ● Dejamos que se evapore el vino, aproximadamente dos minutos, y se sirven calientes

El toque de vino y la albahaca enriquecen sorprendentemente el sabor de las setas, ¡Pruébelo!

* *Dificultad:* Fácil
* *Tiempo de preparación:* 5 minutos

ROLLITOS DE TORTILLA FRANCESA CON SALSA VEGANESA

Ingredientes

- ✓ 3 huevos
- ✓ Sal de hierbas
- ✓ Pimienta blanca molida
- ✓ Salsa veganesa (ver receta en pág. 173)
- ✓ Aceite de oliva virgen

Indicaciones

- Plato tolerado por celíacos.

Elaboración

- En un bol batimos los huevos y añadimos una pizca de sal y otra de pimienta blanca.

- En una sartén formamos una tortilla, que no sea muy gruesa, con los huevos batidos.

- Cuando esté hecha la tortilla y se haya enfriado un poco, le añadimos la salsa veganesa por encima y la enrollamos.

- Después, se corta en trozos no muy pequeños y se sirve con un poco de salsa encima adornando el canapé.

Una receta muy sencilla y rápida, pero que resulta deliciosa como entrante o como acompañante de otros platos.

* *Dificultad:* Fácil
* *Tiempo de preparación:* 10 minutos

Bastoncitos Tricolor con Salsa de Queso Cabrales

Ingredientes

- ✓ 2 zanahorias
- ✓ 1 tallo de apio
- ✓ 1 calabacín mediano
- ✓ Salsa al cabrales (ver receta en pág. 175)

Indicaciones

- Plato vegano.
- Plato tolerado por celíacos.

Elaboración

- Picamos las verduras en tiras formando bastoncitos de un grosor de medio centímetro y cinco de largo aproximadamente.

- Echamos la salsa en un bol pequeño y alrededor colocamos los bastoncitos.

Ideales y sabrosos para picar antes de cualquier comida.

✳ *Dificultad:* Fácil

🕐 *Tiempo de preparación:* 10 minutos

SAN JACOBOS DE CALABACÍN

Ingredientes

- ✓ 2 calabacines grandes
- ✓ 8 lonchas de queso semicurado
- ✓ Pimentón dulce
- ✓ 3 huevos
- ✓ Harina integral de trigo
- ✓ Pan rallado
- ✓ Sal de hierbas
- ✓ Aceite de oliva

Indicaciones

- Se puede servir con una salsa de mojo picón.

Elaboración

- Lavamos bien los calabacines y los cortamos a lo largo en lonchas. Después volvemos a cortarlas para dejarlas de una longitud de unos 10 centímetros de largo.

- Untamos una loncha con una pizca de sal y otra de pimentón, y entre las dos introducimos una loncha de queso, cortada al mismo tamaño que las de calabacín formando un sándwich.

- Pasamos cada sándwich por la harina, huevo y después por el pan rallado, apretándolos para que se peguen y uniéndolos con palilllos para que no se suelten.

- Los freímos en una sartén con abundante aceite de oliva, retiramos los palilos, dejamos escurrir sobre papel de cocina y ya están listos para servir.

Un plato ideal para niños a los que se les puede sustituir el mojo picón por salsa de tomate.

* *Dificultad:* Fácil
* *Tiempo de preparación:* 10 minutos

TOMATES RELLENOS DE QUESO RICOTTA Y ALBAHACA

Ingredientes

- ✓ 8 tomates medianos
- ✓ 300 g de queso ricotta
- ✓ 100 g de piñones
- ✓ Una ramita de albahaca
- ✓ Sal de hierbas
- ✓ Pimienta blanca molida

Indicaciones

- Plato tolerado por celíacos.

Elaboración

- Lavamos bien los tomates, les cortamos la punta haciendo un agujero y les vaciamos la pulpa.

- Los colocamos boca abajo para que escurran y reservamos.

- En un recipiente ponemos el queso, la albahaca, la sal y la pimenta y, con ayuda de una batidora, lo mezclamos todo.

- Después, introducimos los piñones y removemos un poco.

- Rellenamos los tomates con la mezcla y los servimos sobre un fondo de lechuga.

Unos tomates rellenos de queso; una deliciosa sorpresa para el paladar.

✳ *Dificultad:* Fácil

🕐 *Tiempo de preparación:* 15 minutos

CUADRADITOS DE TOFU CON SALSA DE YOGUR

Ingredientes

- ✓ 300 g de tofu fresco
- ✓ 2 huevos
- ✓ Harina integral
- ✓ Pan rallado
- ✓ Aceite de oliva virgen
- ✓ sal de hierbas
- ✓ Pimienta blanca molida
- ✓ 50 g de almendras crudas picadas
- ✓ Salsa de yogur (ver receta en pág. 178)

Indicaciones

- Los trozos de tofu no deben cortarse muy grandes.

Elaboración

- Picamos el tofu en cuadraditos y los rebozamos con la harina, después en el huevo y a continuación en pan rallado.

- Luego lo freímos en una sartén con abundante aceite de oliva bien caliente.

- Escurrimos el tofu en papel de cocina y colocamos los trozos en un plato acompañándolos con la salsa de yogur.

- Espolvoreamos la almendra picada sobre el tofu y le echamos una pizca de pimienta por encima.

Un entrante para sorprender a los invitados por su sutil mezcla de sabores.

✳ *Dificultad:* Fácil

🕐 *Tiempo de preparación:* 25 minutos

Endibias Gratinadas al Roquefort

Ingredientes

- ✓ 8 Endibias
- ✓ 250 g de queso roquefort
- ✓ 20 cl de leche de soja
- ✓ 50 g de margarina
- ✓ Orégano
- ✓ Pimienta blanca molida
- ✓ Sal de hierbas

Indicaciones

● Plato tolerado por celíacos.

Elaboración

● En una cacerola con agua y un poco de sal de hierbas cocemos durante 10 minutos las endibias que previamente habremos partido por la mitad a lo largo.

● En un bol aparte deshacemos el queso roquefort en la leche de soja y le añadimos una pizca de pimienta blanca molida y la sal de hierbas.

● Untamos de margarina una fuente de hornear, introducimos las endibias, las cubrimos con la salsa y la metemos al horno, previamente precalentado, durante 10 minutos a 200 °C.

● Al servirlas, espolvoreamos por encima orégano.

Un suculento plato para los paladares más exigentes.

★ *Dificultad:* Media

🕐 *Tiempo de preparación:* 20 minutos

PASTELITOS DE ESPINACAS

Ingredientes

- ✓ 250 g de espinacas
- ✓ 25 g de pasas
- ✓ 20 piñones
- ✓ Sal de hierbas
- ✓ Aceite de oliva virgen
- ✓ Hojaldre de harina integral
- ✓ Margarina

Indicaciones

- Plato vegano.

Elaboración

- Cocemos las espinacas en agua con un puñado de sal de hierbas durante 5 minutos.

- A continuación, las escurrimos y salteamos durante 2 minutos en una sartén con un chorrito de aceite junto a las pasas y los piñones.

- Untamos una bandeja de hornear con margarina y cubrimos el fondo de la bandeja con el hojaldre fino.

- Ponemos encima el contenido de la sartén y lo introducimos al horno, previamente calentado a 200 °C durante 10 minutos.

- Cortamos el hojaldre en trozos cuadrados de unos 8 por 6 cm.

- Servimos frío.

*Un aperitivo o entrante que los sorprenderá si no lo conocen
La mezcla de espinacas, pasas y piñones es una delicia.*

* *Dificultad:* Media
* *Tiempo de preparación:* 20 minutos

EMPANADILLAS DE SETAS

Ingredientes

- ✓ 400 g de setas de cardo
- ✓ 1 diente de ajo
- ✓ Media cebolla grande
- ✓ Media cayena
- ✓ Sal de hierbas
- ✓ Aceite de oliva virgen
- ✓ Hojaldre de harina integral (ver receta en pág. 184)

Elaboración

- En una sartén salteamos, durante 5 minutos, un poquito de aceite, el ajo, la cayena, la cebolla y las setas, todo cortado en trozos muy pequeños, y sazonados con sal de hierbas.

- Escurrimos y reservamos.

- Posteriormente, cortamos el hojaldre muy fino en círculos de unos 8 cm de diámetro, ponemos encima una cucharada sopera de la mezcla y doblamos por la mitad la masa aplastando los bordes con un tenedor para que se peguen las dos partes.

- Freímos en aceite bien caliente y las dejamos escurrir en papel absorbente antes de servir.

No es complicado aprender a manejar el hojadre para las empanadillas. Resultan magníficas casi con cualquier relleno, y estas que os proponemos resultan deliciosas, pudiendo elegir cualquier otro tipo de setas.

Ensaladas

* *Dificultad:* Fácil
* *Tiempo de preparación:* 10 minutos

ENSALADA GRIEGA

Ingredientes

- ✓ 1 lechuga
- ✓ 1/2 cebolla
- ✓ 1 pepino
- ✓ 1 naranja
- ✓ 1 pimiento verde
- ✓ 100 g de queso feta
- ✓ Orégano
- ✓ Aceite de oliva virgen
- ✓ Vinagre de manzana
- ✓ Sal de hierbas

Indicaciones

- Plato tolerado por celíacos.

Elaboración

- Se pela la naranja y se corta en rodajas.

- Se pica la lechuga, la cebolla, el pepino, el pimiento y el queso feta en trozos pequeños y se mezclan en una ensaladera.

- Se aliña con la sal de hierbas, el aceite y el vinagre al gusto.

- Se colocan por encima las rodajas de naranja, se espolvorea con el orégano y ya está listo para servir.

El queso feta y la naranja forman una deliciosa mezcla en esta ensalada de puro sabor mediterréneo.

37

✳ *Dificultad:* Fácil

🕐 *Tiempo de preparación:* 10 minutos

Ensalada de Germinados con Salsa Agridulce

Ingredientes

- ✓ 1 lechuga
- ✓ 1 zanahoria
- ✓ 1 tomate
- ✓ 100 g de maíz cocido
- ✓ 150 g de tofu fresco
- ✓ 30 g de germinados de soja
- ✓ 30 g de germinados de alfalfa
- ✓ 30 g de germinados de rabanitos
- ✓ Salsa agridulce (ver receta en pág. 171)

Indicaciones

- ⊕ Plato vegano.
- ⊕ Plato tolerado por celíacos.

Elaboración

- ⊕ Se pela la zanahoria y se ralla.

- ⊕ Cortamos la lechuga en tiras finas, el tofu en dados pequeños y el tomate en rodajas.

- ⊕ Se pone todo en una ensaladera junto a los germinados y el maíz.

- ⊕ Añadimos la salsa que previamente habremos preparado, removemos bien y ya está la ensalada lista para servir.

Una explosión de sabores y vitaminas donde sobresalen el gusto sorprendente de los germinados y el exotismo de la salsa agridulce.

Dificultad: Fácil

Tiempo de preparación: 10 minutos

Ensalada de Aguacates con Palmitos

Ingredientes

- ✓ 1 lechuga
- ✓ 1 zanahoria
- ✓ 1 tomate
- ✓ 100 g de maíz cocido
- ✓ 2 aguacates
- ✓ 150 g de palmitos en lata
- ✓ 1 cebolleta mediana
- ✓ 1 cucharada de cilantro
- ✓ 16 aceitunas negras
- ✓ Aceite de oliva virgen
- ✓ Vinagre de manzana
- ✓ Sal de hierbas

Indicaciones

- Plato vegano.
- Plato tolerado por celíacos.

Elaboración

- Se ralla la zanahoria. Se corta la lechuga en trozos pequeños. El tomate, los palmitos y la cebolleta se cortan en rodajas.

- Se pela el aguacate, se le quita el hueso y se corta en láminas finas.

- Se coloca todo en una ensaladera y se añaden las aceitunas.

- Se aliña con el aceite de oliva, el vinagre de manzana y la sal de hierbas.

- Después, se espolvorea el cilantro y ya se puede servir.

El poder nutritivo del aguacate en una ensalada sencilla, sumamente sana y sabrosa.

✳ *Dificultad:* Fácil

🕐 *Tiempo de preparación:* 10 minutos

ENSALADA VERDE

Ingredientes

- ✓ 150 g de hojas de espinacas
- ✓ 125 g de lechuga romana
- ✓ 125 g de lechuga de hoja de roble
- ✓ 125 g de escarola
- ✓ 2 pimientos verdes
- ✓ 1 pepino
- ✓ 1 rama de apio
- ✓ 50 g de alcaparras en vinagre
- ✓ Aceite de oliva virgen
- ✓ Vinagre de manzana
- ✓ Sal de hierbas

Indicaciones

- ⬤ Plato vegano.

- ⬤ Plato tolerado por celíacos.

Elaboración

- ⬤ Cortamos en trozos pequeños las lechugas, las espinacas, la escarola, los pimientos y el apio.

- ⬤ Pelamos el pepino y lo cortamos en rodajas.

- ⬤ Mezclamos todos los ingredientes en una ensaladera y le añadimos las alcaparras.

- ⬤ Aliñamos el aceite de oliva, el vinagre y la sal de hierbas.

- ⬤ Removemos, y ya podemos servir.

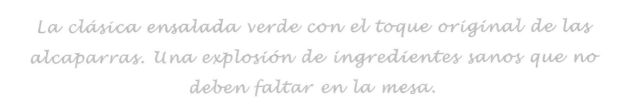

La clásica ensalada verde con el toque original de las alcaparras. Una explosión de ingredientes sanos que no deben faltar en la mesa.

✳ *Dificultad:* Media

🕐 *Tiempo de preparación:* 15 minutos

ENSALADA DE CUSCÚS CON SALSA DE HIERBABUENA

Ingredientes

- ✓ 400 g de cuscús
- ✓ Un pepino
- ✓ 50 g de aceitunas verdes
- ✓ 50 g de uvas pasas
- ✓ 1 cebolla mediana
- ✓ 2 tomates
- ✓ Salsa de hierbabuena (ver receta en pág.171)
- ✓ Salsa de soja
- ✓ Sal de hierbas

Indicaciones

- ▫ Plato vegano.

Elaboración

- ▫ En una cazuela, poner un litro de agua a hervir con un puñado de sal de hierbas, un chorrito de aceite de oliva virgen y una cucharadita sopera de salsa de soja.

- ▫ Al mismo tiempo, en un recipiente aparte se echa el cuscús.

- ▫ Cuando el agua rompa a hervir, se aparta del fuego y se le echa por encima al cuscús hasta que le cubra aproximadamente un centímetro.

- ▫ Se tapa el recipiente y se deja que el cuscús absorba el agua. Esto llevará entre 8 y 10 minutos.

- ▫ Después, con un tenedor se deshacen los grumos que se han formado en el cuscús y se deja enfriar.

- ▫ Se lavan el pepino, la cebolleta y los tomates y se cortan en rodajas.

- ▫ Se sirve el cuscús frío en los platos y se añade el pepino, el tomate, la cebolleta, las pasas y las aceitunas.

- ▫ Se aliña al gusto con la salsa de hierbabuena que habremos preparado mientras hervía el agua.

Esta es una forma rápida y fácil de preparar cuscús en una receta con todo el sabor del norte de África.

* *Dificultad:* Fácil
* *Tiempo de preparación:* 10 minutos

ENSALADA TROPICAL

Ingredientes

- ✓ 2 plátanos
- ✓ 2 naranjas
- ✓ 1 lechuga mediana
- ✓ 40 g de coco rallado
- ✓ 1 mango
- ✓ 2 kiwis
- ✓ 1 ramita de menta fresca

Elaboración

- Cortamos la lechuga en tiras finas y las ponemos de base en la bandeja donde se servirá la ensalada.

- Cortamos en rodajas las frutas y las colocamos encima de la lechuga, intercambiándolas de tal modo que den vistosidad y color al plato.

- Se pica la menta fresca y, junto con el coco rallado, se espolvorea por encima y se sirve.

Indicaciones

- Plato vegano.

- Plato tolerado por celíacos.

Si es época, se puede añadir papaya y piña natural a esta ensalada, con la que se pueden lucir con la presentación.

* *Dificultad:* Fácil
* *Tiempo de preparación:* 10 minutos

ENSALADA DE MOZARELA

Ingredientes

- ✓ 400 g de espinacas frescas
- ✓ 125 g de mozarela fresca
- ✓ 2 tomates
- ✓ 100 g de champiñón
- ✓ 1 limón
- ✓ Aceite de oliva virgen
- ✓ Vinagre de manzana
- ✓ Sal de hierbas
- ✓ Salsa de mostaza (ver receta en pág. 178)

Indicaciones

- Plato tolerado por celíacos.

Elaboración

- Colocamos las espinacas crudas y bien lavadas en el centro del plato donde se servirá la ensalada.
- Cortamos en láminas finas el champiñón y lo adobamos en un recipiente aparte con el zumo de limón, un chorrito de aceite y media cucharada de vinagre de manzana durante 5 minutos.
- Cortamos en rodajas la mozarela y el tomate y los colocamos en el plato bordeando las espinacas.
- Se escurre el champiñón y se coloca encima de las espinacas.
- Se rocía por encima la salsa de mostaza.

Una ensalada muy completa que sin duda impresionará a sus invitados.

* *Dificultad:* Fácil
* *Tiempo de preparación:* 10 minutos

ENSALADA DE KIWIS CON TOFU Y BROTES DE SOJA

Ingredientes

- ✓ 1 lechuga mediana
- ✓ 2 kiwis
- ✓ 100 g de brotes de soja
- ✓ 100 g de tofu
- ✓ 1 pimiento verde pequeño
- ✓ 50 g de maíz
- ✓ 2 zanahorias
- ✓ Salsa vinagreta (ver receta en pág. 176)

Indicaciones

- Plato vegano.
- Plato tolerado por celíacos.

Elaboración

- Rallamos la zanahoria y cortamos la lechuga en tiras tipo juliana.
- El pimiento, el kiwi y el tofu lo cortamos en trocitos pequeños.
- Lo mezclamos todo junto a los brotes y el maíz en un bol y se aliña con salsa vinagreta.
- Removemos bien y ya está lista para servir.

Consejo

Es aconsejable pasar los brotes de germinados por agua caliente antes de añadir en los platos, ya que a veces pueden resultar amargos.

Una ensalada que sorprende por la original y sabrosa mezcla del kiwi con el resto de los ingredientes.

* *Dificultad:* Fácil
* *Tiempo de preparación:* 15 minutos

Ensalada de Pasta con Frutas y Salsa Veganesa

Ingredientes

- ✓ 1/2 kg de macarrones integrales
- ✓ 2 rodajas de piña
- ✓ 2 rodajas de kiwi
- ✓ 1 manzana golden
- ✓ 12 uvas blancas
- ✓ Salsa veganesa (ver receta en pág. 173)

Indicaciones

- Plato vegano.

Elaboración

- Se cuecen los macarrones hasta que estén *al dente* (ver apartado de cocciones en página 183.
- Mientras tanto, se pelan la piña, la manzana. Las uvas se lavan y se despepitan.
- La piña y la manzana se cortan en dados y las uvas por la mitad.
- Cuando los macarrones estén fríos, se mezclan con las frutas y se añade por encima la salsa veganesa.
- Se sirve templado.

Se pueden sustituir los macarrones por otro tipo de pasta y se pueden añadir las frutas al gusto. De cualquier forma, atrévase a probar esta receta.

✳ *Dificultad:* Fácil

🕐 *Tiempo de preparación:* 10 minutos

ENSALADA DE COGOLLOS DE TUDELA CON SALSA ROSA

Ingredientes

- ✓ 4 cogollos de Tudela
- ✓ 1 cebolla pequeña
- ✓ 1 zanahoria grande
- ✓ 10 ó 12 uvas pasas
- ✓ Salsa rosa (ver receta de la salsa veganesa en pág. 173)

Elaboración

- ⬤ Se ralla la zanahoria y se cortan los cogollos a lo largo en cuatro porciones.
- ⬤ En el centro del plato ponemos la cebolla, la zanahoria y las pasas.
- ⬤ Se coloca cada cogollo, ya troceado, en forma de estrella en el plato y se rocían con la salsa rosa.

Indicaciones

- ⬤ Plato vegano.
- ⬤ Plato tolerado por celíacos.

Este plato se come tomando un bocado del cogollo con la salsa y otro con la ensalada del centro. Así se aprecia mejor todo el contraste de sabor de esta deliciosa ensalada.

* *Dificultad:* Media
* *Tiempo de preparación:* 50 minutos

ENSALADA DE ARROZ INTEGRAL A LAS FINAS HIERBAS

Ingredientes

- 350 g de arroz integral de grano largo
- 6 cucharadas de hierbas frescas picadas (perejil, cebollino, estragón y menta)
- 120 g de nueces peladas
- 1 aguacate
- 1 cucharadita de cúrcuma
- 1/2 limón
- Sal de hierbas
- Pimienta negra molida

Indicaciones

- Plato vegano.
- Plato tolerado por celíacos.

Elaboración

- Cocer el arroz integral según se indica en el apartado correspondiente de la página 183 y añadirle la cúrcuma y la sal.

- Una vez cocido el arroz, añadirle la ralladura de limón y las hierbas y removerlo todo. Luego se deja enfriar.

- Pelar el aguacate y quitarle el hueso, luego triturar la pulpa y mezclarla con el zumo de limón hasta hacer una pasta.

- Tostar levemente las nueces en el horno o en la sartén.

- Mezclar todos los ingredientes con el arroz y rectificar la sal y la pimienta. Servir inmediatamente para evitar que el aguacate se ennegrezca.

Una receta contundente que sirve muy bien como un primer plato muy completo y nutritivo.

47

* *Dificultad:* Fácil
* *Tiempo de preparación:* 15 minutos

ENSALADA CAPRICHOSA CON SALSA VEGANESA

Ingredientes

- ✓ 1 lechuga pequeña
- ✓ 1 tronco de apio
- ✓ 2 zanahorias
- ✓ 1 calabacín mediano
- ✓ 1 cuarto de repollo
- ✓ Orégano
- ✓ Salsa veganesa (ver receta en pág. 173)

Indicaciones

- Plato vegano.
- Plato tolerado por celíacos.

Elaboración

- Cortamos la lechuga en tiras tipo juliana y la colocamos en el plato como fondo de la ensalada.
- Añadimos la zanahoria rallada colocándola por el borde del plato.
- Pelamos y cortamos el calabacín en rodajas muy finas y lo ponemos al lado de la zanahoria hacia el interior del plato.
- Cortamos el repollo en tiras, lo ponemos en el centro del plato y encima le echamos el apio, que cortaremos en rodajas muy finas.
- A continuación, añadimos la salsa veganesa y espolvoreamos con una pizca de orégano.

Comer la verdura cruda es la mejor manera de disfrutar de todas sus propiedades, especialmente de la fibra.

* *Dificultad:* Fácil
* *Tiempo de preparación:* 10 minutos

Ensalada Florida con Salsa Vinagreta

Ingredientes

- ✓ 1 lechuga pequeña
- ✓ Las hojas de una rama de apio
- ✓ 1 remolacha cocida
- ✓ 2 zanahorias
- ✓ 1 calabacín grande
- ✓ 1 lombarda
- ✓ 20 aceitunas verdes
- ✓ Salsa vinagreta (ver receta en pág. 176)

Indicaciones

- Plato vegano.
- Plato tolerado por celíacos.

Elaboración

- Cortamos la lechuga en tiras tipo juliana y la colocamos en el plato como fondo de la ensalada.
- Rallamos la remolacha y la colocamos bordeando el plato.
- Rallamos la zanahoria y la colocamos alrededor de la remolacha.
- Cortamos la lombarda en tiras y rellenamos el centro del plato.
- Cortamos el calabacín en rodajas finas y rodeamos la lombarda con él.
- Colocamos las aceitunas de manera aleatoria y echamos encima de la lombarda las hojas de apio.
- Rociamos con la salsa vinagreta y servimos.

Una ensalada plena de color, sabor y... llena de salud.

49

* *Dificultad:* Fácil
* *Tiempo de preparación:* 35 minutos

Ensalada de Espárragos y Coliflor

Ingredientes

- ✓ 12 espárragos verdes trigueros
- ✓ 1 coliflor mediana
- ✓ 1 zanahoria
- ✓ 100 g de judías verdes
- ✓ 1 remolacha cocida
- ✓ Aceite de oliva virgen
- ✓ Vinagre de manzana
- ✓ Sal de hierbas
- ✓ Pimienta blanca molida

Indicaciones

- Plato vegano.
- Plato toledado por celíacos.

Elaboración

- Cocemos la coliflor junto a las judías verdes durante 20 minutos en agua con un puñado de sal.

- Rallamos la zanahoria y cortamos en rodajas la remolacha cocida.

- Dividimos la coliflor en ramitos y, junto con las judías, las dejamos macerar unos 10 minutos en un poco de aceite de oliva virgen y vinagre de manzana.

- A continuación, escurrimos y colocamos de manera informal todos los ingredientes en una ensaladera, poniendo al final los espárragos enteros.

- Se aliña con aceite de oliva virgen, vinagre de manzana, sal de hierbas y una pizca de pimienta blanca molida. Removemos bien y estará lista para servir.

Una ensalada vitamínica y sabrosa que mezcla admirablemente la suavidad de lo cocido y el frescor de lo crudo.

✳ *Dificultad:* Media

🕐 *Tiempo de preparación:* 30 minutos

ENSALADA DE PIMIENTOS ASADOS

Ingredientes

✓ 3 pimientos verdes

✓ 3 pimientos rojos

✓ 1 cebolla

✓ 4 dientes de ajo

✓ Aceite de oliva virgen

✓ Vinagre de manzana

✓ Sal de hierbas

Indicaciones

● Plato vegano.

● Plato tolerado por celíacos.

Elaboración

● En una fuente de hornear colocamos los pimientos y rociamos por encima un chorrito de aceite de oliva virgen y una pizca de sal de hierbas.

● Los introducimos en el horno previamente precalentado a 180 °C durante unos 20 minutos.

● Ya fríos, los pelamos y los cortamos en tiras.

● Picamos el ajo en trozos muy pequeños y la cebolla la cortamos en lunas finas.

● Mezclamos todo en una ensaladera y aliñamos con aceite de oliva virgen, el vinagre de manzana y la sal de hierbas, y dejamos reposar 10 minutos para sevir a continuación.

Un homenaje a los sabrosos pimientos en un plato que puede servir como esalada o como acompañamiento a otro plato más fuerte.

51

SOPAS Y CREMAS

* *Dificultad:* Fácil
* *Tiempo de preparación:* 25 minutos

CREMA DE CALABACÍN

Ingredientes

- ✓ 1 kg de calabacín
- ✓ 2 patatas medianas
- ✓ 1 litro de leche de soja
- ✓ 1 cebolla grande
- ✓ 50 gramos de margarina vegetal
- ✓ 1 pizca de nuez moscada
- ✓ Pimienta blanca
- ✓ Sal de hierbas
- ✓ 1 diente de ajo

Indicaciones

- Plato vegano.
- Plato tolerado por celíacos.

Elaboración

- Introducimos en una cacerola el ajo, la nuez moscada, la cebolla, la patata y la margarina.

- Añadir una pizca de sal y pimienta y cubrir con agua.

- Luego, añadir el litro de leche de soja.

- Tapar la cacerola y poner al fuego.

- Cuando empiece a hervir, añadir los calabacines cortados en trozos grandes y dejarlos cocer durante 15 minutos más.

- A continuación, pasar todo por la batidora y servir. Puede servirse fría o caliente.

Una crema suave y sabrosa para toda la familia y para cualquier época.

* *Dificultad:* Fácil
* *Tiempo de preparación:* 25 minutos

CREMA VERDE

Ingredientes

* ✓ 1 calabacín
* ✓ 1/2 kg de espinacas
* ✓ 250 g de apio
* ✓ 250 g de brócoli
* ✓ 1 patata grande
* ✓ 1 cebolla grande
* ✓ 1 pizca de nuez moscada
* ✓ Sal y pimienta blanca
* ✓ 50 g de margarina vegetal

Indicaciones

* Plato vegano.
* Plato tolerado por celíacos.

Elaboración

* Pelamos una cebolla y la picamos en trozos pequeños.
* En una cazuela, ponemos al fuego la margarina y salteamos la cebolla durante 5 minutos.
* Añadimos todos los demás ingredientes y los cubrimos de agua, dejándolos hervir durante 15 minutos.
* Después, salpimentamos al gusto y trituramos todo con la batidora.
* Si deseamos que la crema resulte más fina, la podemos pasar por un chino.

Esta crema es muy depurativa. Es muy bueno tomarla después del verano, ya que ayuda a limpiar el organismo.

* *Dificultad:* Fácil
* *Tiempo de preparación:* 25 minutos

CREMA DE ZANAHORIAS Y COMINO

Ingredientes

- 1 kg de zanahorias
- 1 rama de apio
- 1 puerro mediano
- 1 cebolla pequeña
- 1 chorrito de aceite de oliva virgen
- 1 pizca de comino en polvo
- El zumo de una naranja
- Sal de hierbas

Indicaciones

- Plato vegano.
- Plato tolerado por celíacos.

Elaboración

- Pelamos la zanahoria, la cebolla, el apio y el puerro, y lo cortamos en trozos medianos.
- Sofreímos todo en una cazuela con el aceite y después cubrimos con agua hasta taparlo.
- Dejamos cocer durante 15 minutos y añadimos el zumo de naranja, el comino y la sal de hierbas.
- Lo dejamos al fuego 5 minutos más y después lo pasamos por la batidora.
- Se puede servir frío o caliente

Una excelente fuente de vitaminas A y C e ideal para la piel.

✳ *Dificultad:* Fácil

⏱ *Tiempo de preparación:* 25 minutos

CREMA DE ESPINACAS

Ingredientes

- ✓ 500 g de espinacas
- ✓ 50 g de margarina vegetal
- ✓ 2 zanahorias grandes
- ✓ 2 patatas grandes
- ✓ 1 cebolla grande
- ✓ Sal de hierbas y pimienta negra molida

Indicaciones

- ◉ Plato vegano.
- ◉ Plato tolerado por celíacos.

Elaboración

- ◉ Troceamos las patatas, las zanahorias y la cebolla y las freímos con la margarina en una cazuela durante dos o tres minutos.
- ◉ Cubrimos de agua y dejamos cocer 15 minutos.
- ◉ Después, añadimos las espinacas y dejamos cocer otros 5 minutos más.
- ◉ A continuación, salpimentamos y pasamos por la batidora.

Una crema de alto poder energético... y muy sabrosa.

* *Dificultad:* Fácil
* *Tiempo de preparación:* 25 minutos

SOPA DE CEBOLLA

Ingredientes

- 4 cebollas medianas
- 1 litro de caldo de verduras
- 50 g de queso semicurado preferiblemente Gouda
- 1 diente de ajo
- 1 chorrito de aceite de oliva virgen
- 10 cl de vino blanco

Elaboración

- En una sartén, sofreímos con el aceite la cebolla cortada en julianas y el ajo en láminas.

- Cuando estén dorados, añadimos el caldo y dejamos cocer 15 minutos a fuego medio.

- Mientras tanto, rallamos el queso.

- Cuando termine de cocer, salpimentamos y espolvoreamos el queso por encima.

Indicaciones

- Plato tolerado por celíacos.

Tenemos la opción de añadir por encima una rebanada de pan tostado después de la cocción y antes del queso. De este modo ya no sería apto para celíacos, salvo que el pan sea de quinoa, por ejemplo.

* *Dificultad:* Fácil
* *Tiempo de preparación:* 10 minutos

GAZPACHO

Ingredientes

- ✓ 5 tomates maduros
- ✓ 1 pepino
- ✓ 1/2 pimiento verde
- ✓ 1/2 diente de ajo
- ✓ 1/2 cebolla
- ✓ 2 cucharadas de aceite de oliva virgen
- ✓ 50 ml de vinagre de manzana
- ✓ 1 pizca de comino
- ✓ Sal de hierbas

Indicaciones

- ● Plato vegano.
- ● Plato tolerado por celíacos.

Elaboración

- ● Picamos bien la cebolla, el pepino, el pimiento, los tomates y el ajo.
- ● Los echamos en la cazuela junto con el aceite y el vinagre y la sal y lo pasamos por la batidora.
- ● Después lo colamos y lo servimos.

Seguramente la sopa más refrescante, nutritiva y sabrosa para los días calurosos.

* *Dificultad:* Fácil
* *Tiempo de preparación:* 25 minutos

CREMA DE VERDURAS

Ingredientes

- ✓ 1 zanahoria
- ✓ 1 calabacín
- ✓ 1 patata
- ✓ 1 coliflor pequeña
- ✓ 1 cebolla
- ✓ 50 g de margarina
- ✓ Sal de hierbas
- ✓ Pimienta blanca

Elaboración

- Pelamos y troceamos los ingredientes y reservamos aparte.

- En una cazuela ponemos la margarina a derretir y, cuando esté lista, añadimos todas las verduras y las cubrimos de agua, dejándolas hervir unos 20 minutos.

- Salpimentamos, trituramos bien con la batidora y servimos.

Indicaciones

- Plato vegano.

- Plato tolerado por celíacos.

Una forma clásica de disfrutar del sabor y la salud que nos proporcionan las verduras. Hay muchas cremas parecidas, pero probad esta y seguro que nos agradecen la receta.

* *Dificultad:* Fácil
* *Tiempo de preparación:* 25 minutos

CREMA DE PUERROS CON PATATAS

Ingredientes

- ✓ 8 puerros
- ✓ 1 cebolla
- ✓ 10 cl de nata líquida
- ✓ 50 g de mantequilla
- ✓ 3 patatas medianas
- ✓ Sal de hierbas
- ✓ Pimienta molida al gusto
- ✓ Una pizca de nuez moscada

Indicaciones

- Plato tolerado por celíacos.

Elaboración

- Pelamos los puerros, las patatas y la cebolla.

- En una cazuela ponemos la mantequilla a derretir y, cuando esté lista, sofreímos la cebolla. Luego añadimos las patatas cortadas en trozos pequeños y cubrimos con agua, dejando cocer 15 minutos.

- Introducimos los puerros y dejamos cocer otros 10 minutos más.

- Después, añadimos la nata, una pizca de sal, la pimienta y la nuez moscada y pasamos todo por la batidora.

- Podemos servirla fría o caliente.

El resultado de esta sencilla receta es una crema suave, delicada y exquisita.

✳ *Dificultad:* Fácil

◔ *Tiempo de preparación:* 15 minutos

CREMA DE YOGUR Y PEPINO CON ESTRAGÓN

Ingredientes

- ✓ 4 pepinos
- ✓ 1 litro de yogur natural sin azúcar
- ✓ Sal de hierbas
- ✓ Pimienta negra molida
- ✓ Una ramita de estragón

Indicaciones

- Plato tolerado por celíacos.

Elaboración

- Pelamos los pepinos, los lavamos y los troceamos.

- En una cazuela ponemos los pepinos con agua suficiente como para poderlos batir.

- Los pasamos bien por la batidora y reservamos.

- Aparte, en un recipiente de cristal, introducimos el yogur, una pizca de sal, la pimienta, el estragón picado muy finamente y los pepinos que hemos triturado.

- Con una varilla lo batimos todo bien a mano y ya está listo para comer.

- Recomendamos servir fría.

Una sorpresa deliciosa para los más calurosos días de verano que se prepara en un momento.

* *Dificultad:* Fácil
* *Tiempo de preparación:* 10 minutos

SOPA DE MISO

Ingredientes

* ✓ 1 zanahoria
* ✓ 1/2 calabacín
* ✓ 1 diente de ajo
* ✓ 1 cabeza de champiñón
* ✓ 50 g de miso de arroz
* ✓ 50 g de tofu
* ✓ 75 g de guisantes
* ✓ Sal de hierbas
* ✓ Un chorrito de aceite de oliva
* ✓ 1 litro de caldo de verduras

Indicaciones

* Plato vegano.
* Plato tolerado por celíacos.

Elaboración

* Pelamos y picamos en trozos muy pequeños la zanahoria, el calabacín, el ajo, el champiñón, y reservamos.

* En una cazuela sofreímos en el aceite de oliva el ajo 30 segundos a fuego lento, le añadimos la zanahoria, el calabacín, el champiñón, los guisantes y el tofu.

* Salteamos todo durante unos 5 minutos.

* Cubrimos con el caldo vegetal, del que previamente habremos separado un poco para que el miso se deshaga en él.

* Después del primer hervor, añadimos el caldo con el miso que habíamos separado, le echamos una pizca de sal de hierbas, retiramos del fuego y servimos caliente.

Una sopa realmente nutritiva y básica para la alimentación de las personas vegetarianas por su gran aporte protéico.

* *Dificultad:* Fácil
* *Tiempo de preparación:* 30 minutos

Sopa de Lentejas y Macarrones Integrales

Ingredientes

- ✓ 200 g de lentejas
- ✓ 2 patatas grandes
- ✓ 80 g de macarrones integrales
- ✓ 2 zanahorias
- ✓ 1 cebolla grande
- ✓ 1 pimiento verde
- ✓ 1/2 tomate
- ✓ 1 diente de ajo
- ✓ Sal de hierbas
- ✓ Una pizca de comino en polvo
- ✓ 1 ramita de apio

Indicaciones

- Plato vegano.

Elaboración

- Pelamos las patatas y las zanahorias y las cortamos en rodajas muy finas, partiendo estas a continuación por la mitad.

- Ponemos en una cazuela litro y medio de agua y echamos las zanahorias, el pimiento verde entero, el ajo, el tomate y el apio.

- Al primer hervor añadimos las lentejas y ponemos a fuego medio.

- A los 15 minutos introducimos la patata y los macarrones.

- Dejamos cocer unos 10 minutos más hasta que la patata esté tierna y le añadimos el comino y una pizca de sal.

La combinación de legumbre, pasta y verduras conforman un plato que es una auténtica fuente de energía.

✳ *Dificultad:* Fácil

🕐 *Tiempo de preparación:* 25 minutos

SOPA DE QUÍNOA

Ingredientes

- ✓ 200 g de quínoa
- ✓ 2 patatas grandes
- ✓ 2 zanahorias
- ✓ 50 g de guisantes
- ✓ 1 cebolla grande
- ✓ 1/2 tomate
- ✓ 1 diente de ajo
- ✓ Sal de hierbas
- ✓ 1 ramita de cilantro
- ✓ 1 ramita de apio
- ✓ 1 pizca de pimienta blanca molida
- ✓ 1 chorrito de aceite de oliva virgen

Indicaciones

- Plato vegano.
- Plato tolerado por celíacos.

Elaboración

- Pelamos y cortamos en cuadraditos pequeños las zanahorias y las patatas.
- En una cazuela sofreímos en el aceite de oliva la quínoa durante dos minutos y la cubrimos de agua.
- Al primer hervor, añadimos las zanahorias, la cebolla, el tomate, el apio y los guisantes, y los dejamos cocer 15 minutos.
- Pasado este tiempo, le añadimos las patatas, la pimienta y la sal de hierbas.
- Dejamos cocer 10 minutos más y le añadimos el cilantro, que habremos cortado muy fino.

La quínoa es la semilla de una planta acuática muy rica en hierro y muy popular en América. Poco a poco va aumentando su consumo en España y por ello es cada vez más fácil de encontrar. Es muy apreciada por la gran cantidad de propiedades que tiene. Es tolerada por los celíacos.

✳ *Dificultad:* Fácil

🕐 *Tiempo de preparación:* 10 minutos

CREMA FRÍA DE TOMATE

Ingredientes

- ✓ 1 kg de tomates maduros
- ✓ 1 pepino
- ✓ 1/2 cebolla
- ✓ 1 ramita de albahaca
- ✓ 10 cl de aceite de oliva virgen
- ✓ 1 chorrito de vinagre de manzana
- ✓ Sal de hierbas
- ✓ Pimienta blanca molida

Indicaciones

- ● Plato vegano.
- ● Plato tolerado por celíacos.

Elaboración

- ● Trituramos con la batidora el pepino, la cebolla, los tomates ya pelados y las hojas de la albahaca hasta dejar una crema suave.
- ● Añadir la sal de hierbas y una pizca de pimienta blanca molida, y remover bien.
- ● Guardar en la nevera hasta el momento de servir.

Consejo

Para pelar los tomates, lo mejor es escaldarlos antes durante un par de minutos.

Fresca y vitamínica, esta sopa fría es ideal para el verano.

67

* *Dificultad:* Fácil
* *Tiempo de preparación:* 20 minutos

SOPA DE SETAS

Ingredientes

- ✓ 1/2 kg de setas de cardo
- ✓ 1 Calabacín
- ✓ 1 litro de caldo de verduras
- ✓ 1 tomate
- ✓ 1/2 cebolla
- ✓ 1 diente de ajo
- ✓ 4 hojas de hierba buena
- ✓ Un chorrito de aceite de oliva virgen
- ✓ Sal de hierbas

Indicaciones

- Plato vegano.
- Plato tolerado por celíacos.

Elaboración

- En una sartén, con un chorrito de aceite de oliva virgen, salteamos las setas cortadas en trozos pequeños junto con la cebolla, el tomate, el calabacín y el ajo bien picados, durante 7 minutos.
- Reservamos.
- Mientras tanto, cocemos el caldo de verduras con un poco de sal de hierbas.
- Cuando rompa a hervir, añadimos las setas con el sofrito que habíamos reservado y las hojas de hierbabuena, removemos y dejamos cocer 10 minutos a fuego lento.
- Servimos bien caliente.

Una sopa de sabor exquisito. Se puede hacer con otras setas como el boletus o las colmenillas, pero son mucho más caras.

* *Dificultad:* Fácil
* *Tiempo de preparación:* 25 minutos

CREMA DE APIO

Ingredientes

- 500 g de apio
- 50 g de margarina vegetal
- 2 zanahorias grandes
- 2 patatas grandes
- 1 cebolla grande
- Sal de hierbas
- 1 pizca de nuez moscada

Indicaciones

- Plato vegano.
- Plato tolerado por celíacos.

Elaboración

- Troceamos las patatas, las zanahorias y la cebolla y las sofreímos con la margarina en una cazuela durante 2 ó 3 minutos.
- Cubrimos de agua y dejamos cocer 15 minutos.
- Luego añadimos el apio con sus hojas bien picado y dejamos cocer unos 10 minutos más.
- A continuación le añadimos la sal y la pizca de nuez moscada y lo pasamos todo por la batidora.
- Después lo colamos para retirar la hebras de apio.
- Servimos bien caliente.

El apio es conocido desde la Antigüedad por su valor aperitivo y su alto contenido en potasio. Si además lo consumimos en esta deliciosa crema, el placer está asegurado.

* *Dificultad:* Fácil
* *Tiempo de preparación:* 25 minutos

VICHYSSOISE EL VERGEL

Ingredientes

* ✓ 1/2 kg de puerros
* ✓ 2 Patatas grandes
* ✓ 1 cebolla
* ✓ 30 g de margarina vegetal
* ✓ 1/2 litro de caldo vegetal
* ✓ 10 cl de leche de soja
* ✓ Sal de hierbas
* ✓ 1 pizca de nuez moscada
* ✓ Pimienta molida blanca

Indicaciones

* Plato vegano.
* Plato tolerado por celíacos.

Elaboración

* Limpiamos los puerros para quedarnos solo con la parte blanca y los cortamos en rodajas finas.
* Pelamos las patatas y las cebollas y las cortamos en trozos pequeños.
* En una cazuela ponemos a calentar la margarina vegetal y, cuando esté derretida, añadimos los puerros, las patatas, la cebolla y el caldo vegetal.
* Cocemos durante 20 minutos a fuego fuerte.
* Añadimos la leche de soja y lo pasamos todo por la batidora. A continuación colamos.
* Por último, le echamos una pizca de nuez moscada, otra de pimienta blanca y un poco de sal de hierbas.

Consejo

Atención al uso de la nuez moscada. En su justa medida es una delicia, pero, si nos pasamos, podemos arruinar cualquier receta por su potente sabor.

La deliciosa y afamada vichyssoise que siempre es un triunfo culinario. La receta clásica utiliza nata líquida que potencia su sabor, pero entonces ya no será un plato vegano.

✴ *Dificultad:* Fácil

🕐 *Tiempo de preparación:* 25 minutos

AJO BLANCO

Ingredientes

✓ 1/2 kg de puerros

✓ 150 g de almendras crudas peladas

✓ 200 g de migas de pan de trigo

✓ Aceite de oliva virgen

✓ vinagre de manzana

✓ 4 dientes de ajo

✓ Sal de hierbas

Indicaciones

● Plato vegano.

Elaboración

● En una cazuela ponemos un litro de agua aproximadamente junto a los 4 dientes de ajo bien picados, un poco de sal de hierbas y las almendras crudas peladas y trituradas.

● Ponemos la cazuela al fuego hasta que rompa a hervir.

● En ese momento la retiramos y le ponemos las migas de pan.

● Dejamos que se enfríe durante 10 minutos y le añadimos un chorrito de vinagre de manzana y unos 20 cl de aceite de oliva virgen hasta obtener una crema espesita.

● Se deja enfriar y se sirve.

Esta deliciosa crema fría, propia del sur del España, es un auténtico tesoro gastronómico de sabor irrepetible.

71

Verduras, Hortalizas y Legumbres

* *Dificultad:* Fácil
* *Tiempo de preparación:* 15 minutos

HABAS A LA CATALANA

Ingredientes

- ✓ 1 kilo de habas frescas
- ✓ 1 cebolla pequeña
- ✓ 1 diente de ajo
- ✓ Sal de hierbas
- ✓ Pimienta blanca molida
- ✓ 20 ml de aceite de oliva virgen
- ✓ 10 cl de caldo vegetal

Indicaciones

- Plato vegano.
- Plato tolerado por celíacos.

Elaboración

- Sacamos de la vaina las habas y las sofreímos en el aceite, juno a la cebolla y el ajo bien picados, durante 5 minutos a fuego lento.

- Pasado ese tiempo, se le añade una pizca de sal de hierbas, otra de pimiemta y el caldo vegetal y se sigue salteando durante otros cinco minutos más.

- Después removemos y servimos.

Habas, cebolla y ajo, una maravilla de sencillez en una receta clásica.

✳ *Dificultad:* Fácil

🕐 *Tiempo de preparación:* 10 minutos

Salteado de Espárragos Trigueros con Palmitos

Ingredientes

- ✓ 1/2 cebolla
- ✓ 1 manojo de espárragos trigueros
- ✓ 100 g de palmitos de bote
- ✓ 1 diente de ajo
- ✓ 10 cl de aceite de oliva virgen
- ✓ Sal de hierbas
- ✓ 1 pizca de pimienta blanca molida
- ✓ 1 chorrito de vino blanco

Indicaciones

- ● Plato vegano.
- ● Plato tolerado por celíacos.

Elaboración

- ● Partimos con la mano los espárragos en trozos pequeños, de tal forma que de cada uno de ellos salgan 5 ó 6 porciones.

- ● Para partirlos, empezar desde la cabeza y parar cuando el espárrago ya no rompa, sino que se doble. De este modo desechamos la parte más dura del final.

- ● Los palmitos los cortamos en rodajas de un centímetro de grosor aproximadamente.

- ● Echamos en una sartén antiadherente el aceite de oliva, y cuando esté bien caliente se añaden los espárragos.

- ● Salteamos removiendo poco a poco, y cuando veamos que están ligeramente dorados, añadimos la cebolla y el ajo bien picados, y a continuación los palmitos.

- ● Movemos y dejamos pasar un par de minutos.

- ● Después le añadimos el vino blanco y la sal de hierbas y salteamos otros dos minutos para que se evapore por completo el vino y el salteado quede seco.

- ● Por último, añadimos una pizca de pimienta molida. Se sirven calientes.

Una mezcla de riquísimo sabor que sorprenderá a los paladares más exigentes.

* *Dificultad:* Media-Alta

Tiempo de preparación: 30 minutos

STROGONOFF EL VERGEL

Ingredientes

- ✓ 1 kg de champiñones
- ✓ 500 g de seitán
- ✓ 20 g de margarina vegetal
- ✓ 10 cl de leche de soja
- ✓ 1/2 limón
- ✓ 1 pizca de nuez moscada
- ✓ 1 diente de ajo
- ✓ 1 piza de pimienta negra molida
- ✓ 1 cayena pequeña
- ✓ 1 pizca de pimentón
- ✓ 20 cl de vino blanco
- ✓ 1 ramita de albahaca
- ✓ 1 ramita de estragón

Indicaciones

- Plato vegano.

Elaboración

- Cortamos el seitán en trozos pequeños y lo dejamos macerar durante unas dos horas con el vino blanco, la albahaca y el estragón bien picados.

- Cortamos los champiñones en láminas y los rehogamos en una cacerola con la mantequila, la cebolla picada y el ajo cortado en trozos pequeños.

- Le añadimos el seitán escurrido y dejamos cocer unos tres o cuatro minutos.

- Mientras tanto, en un bol, mezclamos la leche de soja junto con la pimienta negra, la cayena, el pimentón y la nuez moscada, y lo pasamos por la batidora.

- A continuación le añadimos esta mezcla a la cacerola y dejamos cocer todo a fuego lento durante 20 minutos.

Una versión vegetariana de un plato clásico de la alta cocina. ¡No dejen de probarlo!

77

✳ *Dificultad:* Fácil

🕐 *Tiempo de preparación:* 40 minutos

PUERROS A LA PARMESANA

Ingredientes

- ✓ 1 manojo de puerros grandes
- ✓ 75 g de queso parmesano
- ✓ 2 huevos
- ✓ 50 g de harina integral
- ✓ 50 g de pan rallado
- ✓ Sal de hierbas
- ✓ 40 cl de aceite de oliva virgen

Elaboración

- ● Limpiamos los puerros dejando solo la parte blanca y los ponemos a cocer en agua con una pizca de sal durante 20 minutos para que se ablanden.

- ● Apartamos unos 10 minutos para que se enfríen y a continuación los rebozamos primero por la harina, que habremos tamizado para retirar el salvado; después por el huevo, que habremos batido previamente, y, por último, por el pan rallado mezclado con el queso parmesano rallado.

- ● Finalmente, los freímos a fuego fuerte, los ponemos sobre papel de cocina para eliminar el exceso de grasa y los sevimos.

Los sabores inconfundibles del puerro y el parmesano en un plato sano y fácil que impresionará a todo el que lo deguste.

* *Dificultad:* Fácil
* *Tiempo de preparación:* 45 minutos

PIMIENTOS DE PIQUILLO RELLENOS DE QUESO

Ingredientes

- 12 pimientos de piquillo
- 150 g de queso fresco
- 2 huevos
- 1 diente de ajo
- 1 ramita de hierba buena
- Sal de hierbas.
- Salsa de pimientos de piquillo (ver receta en pág. 177)

Indicaciones

- Plato tolerado por celíacos.

Elaboración

- Cocemos los huevos.

- Picamos bien el queso, el ajo, la hierbabuena y las dos yemas de los huevos cocidos, y los pasamos por la batidora.

- Con esta mezcla rellenamos los pimientos y reservamos.

- Cubrimos la base de una fuente de hornear con salsa de pimientos de piquillo y colocamos los pimientos rellenos.

- Rociamos por encima los pimientos con más salsa de pimientos de piquillo e introducimos al horno previamente precalentado a 200 °C durante 10 minutos.

- Antes de servir, espolvoreamos por encima la clara de lo huevos cocidos, que previamente habremos rallado.

Al queso para el relleno se le puede añadir cualquier tipo de especia o hierbas. ¡Use la imaginación!

* *Dificultad:* Fácil
* *Tiempo de preparación:* 10 minutos + 60 de cocción

POTAJE DE GARBANZOS CON ESPINACAS

Ingredientes

- ✓ 1/2 kg de garbanzos
- ✓ 1/2 kg de espinacas frescas
- ✓ 1 diente de ajo
- ✓ 1/2 cebolla
- ✓ 1 pizca de pimentón
- ✓ 1 chorrito de aceite de oliva
- ✓ 100 g de margarina vegetal

Indicaciones

- Plato vegano.
- Plato tolerado por celíacos.

Elaboración

- La noche anterior calentamos un litro de agua hasta que cueza.

- Retiramos del fuego, le echamos un buen puñado de sal de hierbas e introducimos los garbanzos, dejándolos en remojo toda la noche.

- Por la mañana, volvemos a calentar en una cacerola agua con sal y, cuando empiece a hervir, le echamos los garbanzos, bajamos el fuego y dejamos cocer una hora.

- En una sartén salteamos en el aceite de oliva caliente el ajo, la cebolla y una pizca de pimentón dulce durante unos dos minutos.

- A continuación, añadimos las espinacas y salteamos 5 minutos más a fuego lento.

- Cuando los garbanzos estén casi listos para comer, agregamos todo el sofrito en la cacerola, removemos, dejamos cocer unos 10 minutos más y ya está listo para servir.

Un plato contundente, sano, sabroso, propio de inviernos crudos.

✳ *Dificultad:* Fácil

✳ *Tiempo de preparación:* 40 minutos

ESTOFADO DE SETAS CON PATATAS

Ingredientes

✓ 1/2 kg de setas de cardo

✓ 1/2 kg de patatas

✓ 1 cebolla mediana

✓ 3 dientes de ajo

✓ 1 chorrito de aceite de oliva

✓ 1 ramita de hierbabuena

✓ Sal de hierbas

Indicaciones

○ Plato vegano.

○ Plato tolerado por celíacos.

Elaboración

○ En una cazuela sofreímos en el aceite de oliva durante 2 minutos las hojas de hierbabuena, el ajo. y la cebolla, todo bien picado.

○ A continuación, añadimos las patatas previamente peladas y cortadas en trozos pequeños y salteamos durante unos 5 minutos.

○ Después, incorporamos las setas, cubrimos de agua y dejamos cocer unos 25 minutos más.

○ Añadimos una pizca de sal de hierbas, dejamos cocer unos 5 minutos más y servimos.

Setas guisadas con el toque exótico de la hierbabuena, ¿alguien se puede resistir?

* *Dificultad:* Fácil

🕐 *Tiempo de preparación:* 25 minutos

BERENJENAS AL HORNO CON SALSA DE PIMIENTOS ASADOS

Ingredientes

- ✓ 4 berenjenas medianas
- ✓ 1/2 cebolla
- ✓ 1 diente de ajo
- ✓ Sal de hierbas
- ✓ 1 cayena
- ✓ 1 chorrito de aceite de oliva virgen
- ✓ Salsa de pimientos asados (ver receta en pág. 179)

Indicaciones

- ⬤ Plato vegano.
- ⬤ Plato tolerado por celíacos.

Elaboración

- ⬤ Pelamos y cortamos las berenjenas en rodajas no muy finas y las salteamos en una sartén con el aceite de oliva, el ajo, la cayena y la cebolla bien picados durante dos minutos.

- ⬤ Cubrimos el fondo de la fuente de hornear con salsa de pimientos asados, colocamos las berenjenas bien ordenadas para cubrir la fuente y echamos por encima el sofrito que hemos salteado anteriormente.

- ⬤ Introducimos la fuente al horno previamente precalentado a 200 ºC durante 20 minutos.

- ⬤ Mientras tanto, calentamos la salsa de pimientos asados y, cuando saquemos las berenjenas del horno, rociamos por encima la salsa y servimos.

El sabor de la cocina mediterránea sana y deliciosa de siempre.

* *Dificultad:* Fácil
* *Tiempo de preparación:* 25 minutos

CALABACÍN EL VERGEL

Ingredientes

- 2 calabacines grandes
- 100 g de arroz integral
- 1/2 cebolla
- 1 zanahoria
- 1 diente de ajo
- Sal de hierbas
- Aceite de oliva virgen
- 50 g de queso parmesano
- 4 champiñones

Indicaciones

- El plato es vegano si en lugar de queso parmesano utilizamos tofu rallado.

- Plato tolerado por celíacos.

Elaboración

- Cortamos a lo largo y por la mitad los calabacines sin pelar y les sacamos la pulpa, que reservamos.

- Cortamos en rodajas los champiñones y reservamos.

- Freímos los calabacines en abundante aceite a fuego medio durante 5 minutos, y reservamos.

- Mientras tanto, picamos bien la cebolla, el ajo y la zanahoria y lo salteamos en una sartén con un chorrito de acete durante 3 minutos.

- A continuación, añadimos a la sartén la pulpa del calabacín, la sal de hierbas y el arroz integral previamente cocido según indicamos en su receta (ver página183) y removemos tres minutos más.

- Escurrimos y rellenamos los calabacines con el contenido de la sartén y los colocamos en una fuente para hornear.

- Colocamos por encima el champiñón laminado, espolvoreamos el queso parmesano por encima de los calabacines e introducimos al horno previamente precalentado a 200 °C durante 5 minutos. Servimos bien caliente.

Verduras, arroz y queso. Una combinación energética e irresistible.

✳ *Dificultad:* Fácil

🕐 *Tiempo de preparación:* 25 minutos

SETAS DE CARDO CON BECHAMEL

Ingredientes

- ✓ 1 kg de setas
- ✓ 1/2 litro de leche de soja
- ✓ 2 dientes de ajo
- ✓ 1 cebolla grande
- ✓ Sal de hierbas
- ✓ Salsa de bechamel *El Vergel* (ver receta en página 172)
- ✓ Aceite de oliva virgen

Indicaciones

- Plato vegano.
- Plato tolerado por celíacos.

Elaboración

- En una sartén salteamos en el aceite de oliva virgen, durante cinco minutos, las setas cortadas en trozos pequeños con el ajo bien picado y la cebolla cortada en rodajas finas.

- Añadimos la sal de hierbas y removemos dos minutos más.

- Escurrimos y reservamos.

- Cubrimos el fondo de una fuente de hornear con la salsa bechamel, añadimos el contenido de la sartén y cubrimos con más salsa bechamel.

- Introducimos en el horno previamente precalentado a 200 °C durante 10 minutos y servimos caliente.

En ningún menú vegetariano debe faltar la salsa de bechamel, y menos aún cuando forma parte de un plato como este. Con las setas resulta una combinación perfecta.

* *Dificultad:* Fácil
* *Tiempo de preparación:* 25 minutos

ROLLITOS DE PIMIENTO CON RICOTTA Y ESPINACAS

Ingredientes

- ✓ 4 pimientos rojos medianos
- ✓ 4 pimientos verdes medianos
- ✓ 1 cebolla
- ✓ 1/2 kg de queso ricotta
- ✓ 1/2 kg de espinacas frescas
- ✓ Salsa bechamel (ver receta en la pág. 172)
- ✓ Salsa de tomate frito (ver receta en la pág. 175)
- ✓ 1 pizca de nuez moscada
- ✓ Sal de hierbas
- ✓ 1 pizca de pimieta blanca molida
- ✓ Aceite de oliva
- ✓ 50 g de queso parmesano rallado.

Indicaciones

- Plato vegano.
- Plato tolerado por celíacos.

Elaboración

- Partimos los pimientos por la mitad, los ponemos en una fuente de hornear con sal de hierbas, un chorrito de aceite y lo metemos al horno, previamente precalentado a 250 ºC durante 15 minutos.

- Aparte, en una sartén con un poco de aceite, sofreímos la cebolla y las espinacas troceadas, durante 10 minutos. Pasado ese tiempo, retiramos y escurrimos.

- En un bol ponemos el queso y le agregamos las espinacas con la cebolla y una pizca de nuez moscada, removemos y apartamos.

- Sacamos los pimientos del horno, los dejamos enfriar, y a continuación los pelamos y los enrollamos rellenos con la mezcla anterior.

- Volvemos a colocarlos en una fuente de hornear con salsa bechamel en el fondo y le rociamos por encima la salsa de tomate.

- Espolvoreamos con el queso parmesano rallado y metemos la fuente en el horno durante 5 minutos a 200 ºC. Servimos caliente.

Una fórmula para facilitar la creación de cualquier otro tipo de relleno, pero aseguramos que, si prueba este, será difícil que encuentre otros mucho más sabrosos.

* *Dificultad:* Fácil
* *Tiempo de preparación:* 25 minutos

TORTILLA PAISANA

Ingredientes

- ✓ 6 huevos
- ✓ 3 patatas medianas
- ✓ 1 cebolla
- ✓ 1 pimiento verde
- ✓ 1 pimiento rojo
- ✓ 1 calabacín
- ✓ Sal de hierbas
- ✓ Una pizca de pimienta blanca molida

Indicaciones

- Plato tolerado por celíacos.

Elaboración

- Pelamos las patatas y las cortamos en rodajas muy finas.

- Las freímos a fuego lento para que no se tuesten y queden blanditas. Reservamos.

- En una sartén sofreímos la cebolla junto con el calabacín y los pimientos y lo juntamos con las patatas.

- Por otro lado batimos los huevos.

- A continuación mezclamos todo y añadimos un poco de sal.

- Volcamos todo en una sartén antiadherente con un chorrito de aceite de oliva, lo freímos a fuego lento durate 4 ó 5 minutos.

- Después, se da la vuelta sujetando un plato en la parte posterior de la sartén y girándolo 180 grados para dejar la parte dorada arriba.

- Volvemos a echar un chorrito de aceite de oliva virgen, esperamos que se caliente y echamos la tortilla, dejándola resbalar por el plato hasta que caiga en la sartén. Este movimiento hay que hacerlo despacio para evitar que se rompa la tortilla.

- A continuación, freímos por este otro lado, a fuego lento durante unos 4 ó 5 minutos, se saca de la sartén y ya se puede servir.

Use su creatividad a la hora de añadir otros ingredientes a la tortilla: pimiento rojo, guisantes, alcachofas, puerro, etc.

* *Dificultad:* Fácil
* *Tiempo de preparación:* 35 minutos

PIMIENTOS DE PIQUILLO RELLENOS AL ROQUEFORT

Ingredientes

- ✓ 12 pimientos de piquillo
- ✓ 1 cebolla
- ✓ 1 diente de ajo
- ✓ 1 tomate maduro
- ✓ 300 g de champiñón
- ✓ 2 zanahorias
- ✓ 100 g de guisantes
- ✓ 100 g de queso roquefort
- ✓ 1 pizca de comino
- ✓ Salsa de soja
- ✓ 50 ml de salsa de tomate frito (ver receta en la pág. 175)

Indicaciones

- Plato tolerado por celíacos.

Elaboración

- En una sartén, con un chorrito de aceite de oliva virgen, salteamos la cebolla y el ajo que previamente habremos picado finamente, y cuando se haya dorado, echamos el tomate pelado y cortado en trozos grandes.

- Cortamos en tiras alargadas y muy finas la zanahoria y el calabacín y lo añadimos a la sartén, lo salteamos todo junto durante unos 10 minutos, removiendo de vez en cuando para que no se pegue.

- Cortamos los champiñones por la mitad y después en tiras muy finas y los añadimos a la sartén, salteando unos dos minutos más.

- Añadimos el comino, la sal de hierbas y unos 10 ml de salsa de tomate, removemos, bajamos a fuego medio, tapamos durante 5 minutos y retiramos.

- Después, rellenamos los pimientos con esta mezcla y, en una cazuela de barro, echamos la salsa de tomate de base, y encima los pimientos ya rellenos, sobre los que esparcimos el queso roquefort desmenuzado por encima.

- Metemos la cazuela al horno a 200 °C entre 8 y 10 minutos hasta que el queso se haya gratinado.

Como en otras ocasiones, puede poner el relleno que más le guste, pero el toque de roquefort hace a esta receta especialmente sabrosa.

✳ *Dificultad:* Fácil

🕐 *Tiempo de preparación:* 30 minutos

Berenjenas Rellenas en Salsa Pesto

Ingredientes

- ✓ 2 berenjenas grandes
- ✓ 200 g de seitán
- ✓ 1/2 cebolla
- ✓ 1 zanahoria
- ✓ 1 diente de ajo
- ✓ Sal de hierbas
- ✓ Aceite de oliva virgen
- ✓ Salsa pesto (ver receta en la pág. 176)

Indicaciones

- ● Plato vegano.

Elaboración

- ● Cortamos a lo largo las berenjenas por la mitad y les sacamos la pulpa, que reservamos.

- ● Freímos las berenjenas en abundante aceite a fuego medio durane 7 minutos, y reservamos.

- ● Mientras tanto, picamos bien la cebolla, el ajo y la zanahoria y los salteamos en una sartén con un chorrito de aceite durante 3 minutos.

- ● A continuación añadimos el seitán muy picado y salteamos 5 minutos más.

- ● Después añadimos a la sartén la pulpa de las berenjenas, la sal de hierbas y removemos 3 minutos más.

- ● Escurrimos y rellenamos las berenjenas con el contenido de la sartén y las colocamos en una fuente para hornear e introducimos al horno previamente precalentado a 200 °C durante 5 minutos.

- ● Servimos bien calientes, esparciendo la salsa pesto por encima.

Un plato contundente y riquísimo, con el añadido especial del pesto italiano.

✳ *Dificultad:* Fácil

Tiempo de preparación: 30 minutos

ESTOFADO DE ALCACHOFAS A LAS FINAS HIERBAS

Ingredientes

- ✓ 1 kg de alcachofas
- ✓ 2 patatas medianas
- ✓ 1 cebolla mediana
- ✓ 2 zanahorias grandes
- ✓ 1 ramita de hierbabuena
- ✓ 1 ramita de estragón
- ✓ 1 ramita de cilantro
- ✓ 2 hojas de laurel
- ✓ 1/2 hinojo fresco
- ✓ Aceite de oliva virgen
- ✓ Sal de hierbas

Indicaciones

- Plato vegano.
- Plato tolerado por celíacos.

Elaboración

- Ponemos a cocer las alcachofas según indicamos en la receta de la página 186.

- En una sartén salteamos en el aceite de oliva la cebolla y la zanahoria durante unos minutos.

- A continuación añadimos las hierbas bien picadas, removemos durante dos minutos más y reservamos.

- Después, incorporamos a las alcachofas las patatas, cortadas en trozos muy pequeños para que se cuezan rápido y un poco de sal de hierbas.

- Cuando las alcachofas y las patatas lleven 15 minutos de cocción, les añadimos el contenido de la sartén que teníamos reservado, y dejamos al fuego otros 10 minutos más.

La depurativa alcachofa, excelente para el hígado, en un plato enriquecido por la sabia mezcla de hierbas.

* *Dificultad:* Fácil
* *Tiempo de preparación:* 30 minutos

Brócoli con Salsa de Bechamel

Ingredientes

- ✓ 1 kg de brócoli
- ✓ 1 chorrito de aceite de oliva virgen
- ✓ Sal de hierbas
- ✓ Salsa bechamel (ver receta en la pág. 172)
- ✓ 1 pizca de pimienta blanca molida

Indicaciones

- Plato vegano.

Elaboración

- En una cazuela con 1 litro de agua añadimos un chorrito de aceite y un poco de sal de hierbas y ponemos a cocer el brócoli durante unos 10 minutos.

- Cuando esté cocido, escurrimos el brócoli y lo colocamos en una fuente de hornear y lo cubrimos con salsa bechamel.

- Espolvoreamos un poco de pimienta blanca por encima e introducimos al horno previamente precalentado durante 10 minutos a 200 °C.

El brócoli, o brécol, puede sustituirse por la coliflor, teniendo en cuenta que la coliflor necesita doble tiempo de cocción. Antes de meter la fuente al horno, puede poner queso rallado por encima, parmesano, gouda, etc. En este caso el plato ya no sería vegano.

* *Dificultad:* Fácil
* *Tiempo de preparación:* 30 minutos

BERENJENA RELLENA DE ARROZ INTEGRAL Y SETAS DE CARDO

Ingredientes

- 2 berenjena grandes
- 100 g de arroz integral
- 1/2 kg de setas de cardo
- 1/2 cebolla
- 2 tomates
- 1 diente de ajo
- Sal de hierbas
- Aceite de oliva virgen

Indicaciones

- Plato vegano.
- Plato tolerado por celíacos.

Elaboración

- Cocemos el arroz según indicamos en la receta de la página 183.

- Cortamos a lo largo y por la mitad las berenjenas y les sacamos la pulpa, que reservamos en un plato aparte.

- Freímos las berenjenas en abundante aceite a fuego medio durante 7 minutos y dejamos escurrir el aceite sobrante en papel de cocina. A continuación reservamos también.

- Mientras tanto, picamos bien las setas, la cebolla, el ajo y los tomates y los salteamos en una sartén al sofrito con un chorrito de aceite durante 3 minutos.

- A continuación, añadimos el arroz ya cocido a la sartén y salteamos 5 minutos más.

- Añadimos a la sartén la pulpa de la berenjena y la sal de hierbas y removemos 3 minutos más.

- Rellenamos las berenjenas con el contenido de la sartén y las colocamos en una fuente para hornear e introducimos al horno precalentado a 200 °C durante 5 minutos.

- Servimos bien caliente.

Consejo

Utilizamos setas de cardo por ser mucho más fáciles y baratas de adquirir, pues tanto el boletus como el sitake, por poner unos ejemplos, son más caras y no se encuentran siempre.

Un plato consistente y sabroso que, junto a una ensalada, constituye una comida completa.

✳ *Dificultad:* Fácil

🕐 *Tiempo de preparación:* 25 minutos

CALABACINES HORNEADOS CON SALSA DE TOMATE FRITO

Ingredientes

- ✓ 4 calabacines grandes
- ✓ 1/2 cebolla
- ✓ 1 diente de ajo
- ✓ Sal de hierbas
- ✓ 1 pizca de nuez moscada
- ✓ 1 chorrito de aceite de oliva virgen
- ✓ Salsa de tomate frito (ver receta en la pág. 175)

Indicaciones

- ● Plato vegano.
- ● Plato tolerado por celíacos.

Elaboración

- ● Pelamos y cortamos los calabacines en rodajas no muy finas y las sofreímos en una sartén con el aceite de oliva, el ajo y la cabolla bien picados durante 2 minutos.

- ● Añadimos un poco de sal y un poco de nuez moscada y removemos 2 minutos más.

- ● Cubrimos el fondo de una fuente de hornear en salsa de tomate frito, colocamos los calabacines cubriendo la fuente y echamos por encima el ajo y la cebolla salteados.

- ● Cubrimos con más salsa de tomate frito, e introducimos la fuente al horno precalentado a 200 ºC durante 15 minutos.

- ● Servimos caliente.

El calbacín y el tomate frito son siempre una magnífica combinación que garantiza éxito en la mesa.

* *Dificultad:* Fácil
* *Tiempo de preparación:* 20 minutos

ESPINACAS A LA CREMA

Ingredientes

- 1 kg de espinacas
- 40 g de pasas dulces
- 1/2 cebolla mediana
- 2 dientes de ajo
- 1 pizca de pimienta blanca molida
- 1 pizca de nuez moscada
- 1 chorrito de aceite de oliva
- Sal de hierbas
- Salsa bechamel (ver receta en pág. 172)

Indicaciones

- Plato vegano.

Elaboración

- Cocemos las espinacas en medio litro de agua y sal de hierbas durante 5 minutos. Las escurrimos y reservamos.

- En una sartén salteamos con aceite de oliva la cebolla y el ajo bien picados hasta que se doren, y a continuación añadimos las espinacas, las pasas dulces, un poco de sal de hierbas, una pizca de nuez moscada y de pimienta blanca molida.

- Salteamos tres o cuatro minutos más y reservamos.

- Cubrimos el fondo de una fuente de hornear con salsa bechamel y a continuación agregamos el contenido de la sartén con las espinacas que teníamos reservadas.

- Ponemos por encima más salsa bechamel e introducimos al horno precalentado durante 10 minutos a 200 °C. Servimos calientes.

Una receta ya clásica que, además de nutritiva, gusta mucho a los más pequeños.

✳ *Dificultad:* Fácil

🕐 *Tiempo de preparación:* 2 horas

Judías Blancas Estofadas

Ingredientes

- ✓ 1/2 kg de judías blancas
- ✓ 1 cebolla y media
- ✓ 2 zanahorias
- ✓ 1 tomate
- ✓ 1 cabeza de ajos
- ✓ Dos hojas de laurel
- ✓ Un pellizco de pimentón dulce
- ✓ Un chorrito de aceite de oliva

Indicaciones

- ● Plato vegano.
- ● Plato tolerado por celíacos.

Elaboración

- ● Cocemos las judías según indicamos en su receta correspondiente en la página 185 y les añadimos una cabeza de ajos, dos hojas de laurel y una cebolla, todo entero.

- ● Cuando queden 20 minutos para terminar de cocer, en una sartén, con un poco de aceite de oliva, sofreímos durante 3 minutos la media cebolla, el tomate y las zanahorias, todo bien picado con un poco de pimentón dulce.

- ● Añadimos ese sofrito a la cazuela donde estamos cociendo las judías, removemos y dejamos cocer 15 minutos más a fuego lento.

Sin chorizo ni tocino... simplemente unas judías deliciosas que puede sustituir por garbanzos o por lentejas y que no debe dejar de probar.

* *Dificultad:* Fácil
* *Tiempo de preparación:* 15 minutos

SALTEADO DE VERDURAS

Ingredientes

- ✓ 1/2 kg de zanahorias
- ✓ 1/2 kg de calabacín
- ✓ 200 g de judías verdes
- ✓ 1/2 pimiento verde
- ✓ 1/2 pimiento rojo
- ✓ 1 cebolla
- ✓ 2 dientes de ajo
- ✓ 1/2 kg de alcachofas
- ✓ Un poco de pimentón dulce
- ✓ Sal de hierbas
- ✓ 1 pizca de pimienta negra molida
- ✓ 1 chorrito de aceite de oliva virgen

Indicaciones

- Plato vegano.
- Plato tolerado por celíacos.

Elaboración

- Cocemos las alcachofas según indicamos en la receta de la página 186.
- Mientras, pelamos y picamos en tiras muy finas todas las verduras.
- Cuando las alcachofas estén cocidas, las escurrimos y cortamos por la mitad y en una sartén las salteamos durante unos 6 ó 7 minutos junto a todas las demás derduras con un chorrito de aceite, un poco de sal de hierbas y una pizca de pimienta negra molida.

Mas sencillo imposible... y una auténtica delicia gastronómica, sobre todo si las verduras quedan un poco «al dente».

✳ *Dificultad:* Fácil

🕐 *Tiempo de preparación:* 20 minutos

Zanahorias en Salsa Cremosa

Ingredientes

- ✓ 1 1/2 kg de zanahorias
- ✓ 1 cebolla
- ✓ 1 pizca de pimienta blanca molida
- ✓ 1 ramita de perejil
- ✓ 50 g de margarina vegetal
- ✓ Salsa cremosa (ver receta en la pág. 173)

Indicaciones

- ● Plato tolerado por celíacos.

Elaboración

- ● Pelamos las zanahorias y las echamos al agua hirviendo con sal de hierbas durante 10 minutos.

- ● Pasado este tiempo, las cortamos en rodajas y las echamos en una cazuela con la margarina vegetal, la pimienta, la cebolla cortada en rodajas y el perejil muy picado.

- ● Lo salteamos todo durante 3 minutos, lo cubrimos con la salsa cremosa y removemos bien durante 3 minutos.

- ● Servimos bien caliente.

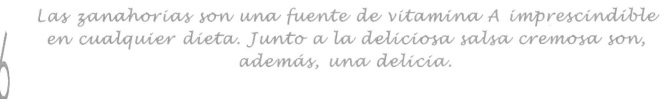

Las zanahorias son una fuente de vitamina A imprescindible en cualquier dieta. Junto a la deliciosa salsa cremosa son, además, una delicia.

ARROCES Y PASTAS

* *Dificultad:* Fácil
* *Tiempo de preparación:* 10 minutos*

ARROZ CON ALGAS NORI

Ingredientes

- 400 g de arroz integral
- 1 cebolla grande
- 2 pimientos italianos verdes
- 200 g de algas *nori*
- Salsa de soja
- Sal de hierbas
- Pimienta blanca molida
- Aceite de oliva virgen

Indicaciones

- Plato vegano.
- Plato tolerado por celíacos.

Elaboración

- Cocemos el arroz en una cazuela según indicamos en la página 183.

- Pelamos y picamos la cebolla y los pimientos y los sofreímos unos 5 minutos a fuego fuerte.

- Le añadimos las algas y salteamos durante unos 10 segundos, porque en caso contrario se pueden quemar rápidamente.

- A continuación, añadimos el arroz, con un poco de sal de hierbas y una pizca de pimienta y salteamos unos tres o cuatro minutos más.

- Le ponemos unas gotas de salsa de soja y ya está listo para servir.

* *Todos los tiempos de este apartado se indican con el arroz o la pasta ya cocidos.*

No dude en añadir las algas a su dieta, son una extraordinaria fuente de elementos nutritivos, y cada vez es más sencillo encontrarlas en los comercios. ¡Y nada mejor que esta receta para degustarlas!

* *Dificultad:* Fácil
* *Tiempo de preparación:* 10 minutos

SALTEADO DE ARROZ AROMÁTICO

Ingredientes

- ✓ 400 g de arroz integral
- ✓ 1 pimiento rojo
- ✓ 1 cebolla mediana
- ✓ 3 tomates maduros
- ✓ 1 zanahoria
- ✓ Azafrán
- ✓ 1 manzana golden
- ✓ Aceite de oliva
- ✓ Sal de hierbas

Indicaciones

- ● Plato vegano.
- ● Plato tolerado por celíacos.

Elaboración

- ● Cocemos el arroz en una cazuela, según indicamos en la página 183.

- ● Pelamos y cortamos las verduras y la manzana en cubitos pequeños.

- ● A continuación, en una sartén, ponemos un chorrito de aceite de oliva virgen e introducimos la cebolla bien picada y unas hebras de azafrán y lo salteamos durante un par de minutos.

- ● Después, añadimos las verduras y la sal de hierbas, y salteamos unos cinco minutos más.

- ● Añadimos a la sartén el arroz y la manzana troceada, revolvemos todo junto unos segundos y servimos bien caliente.

El azafrán y la manzana le dan a este arroz un sabor único y delicioso. ¡Pruébelo!

* *Dificultad:* Fácil
* *Tiempo de preparación:* 10 minutos

ARROZ HINDÚ

Ingredientes

- ✓ 400 g de arroz integral
- ✓ 25 g de algas *hiziqui*
- ✓ 25 g de pipas de girasol
- ✓ 25 g de pipas de calabaza
- ✓ 100 g de seitán
- ✓ Salsa de soja
- ✓ Pimentón dulce
- ✓ 1 diente de ajo
- ✓ Sal de hierbas
- ✓ Aceite de oliva virgen

Indicaciones

- Plato vegano.

Elaboración

- Cocemos el arroz en una cazuela según indicamos en la página 183.

- Ponemos un chorrito de aceite de oliva virgen en la sartén a fuego fuerte y añadimos el ajo bien picado hasta que se dore un poco.

- Después, añadimos las algas y las pipas, bajamos el fuego e incorporamos el seitán en trozos pequeños.

- Dejamos sofreír unos dos minutos más y terminamos de condimentar con unas gotas de salsa de soja y un poco de sal de hierbas.

Una receta de origen hindú que sorprende por su amalgama de sabores exóticos.

* *Dificultad:* Media-Alta
* *Tiempo de preparación:* 60 minutos

RISOTTO A LA MILANESA

Ingredientes

- ✓ 400 g de arroz integral largo
- ✓ 1 cebolla mediana
- ✓ 1 litro de caldo de verduras
- ✓ 50 g de mantequilla
- ✓ Vino blanco
- ✓ Azafrán
- ✓ 40 g de queso parmesano rallado
- ✓ Aceite de oliva virgen
- ✓ Sal de hierbas
- ✓ Pimienta negra molida

Indicaciones

- ● Plato tolerado por celíacos.

Elaboración

- ● Pelar y picar finamente la cebolla. Rehogarla en una cazuela con un chorrito de aceite de oliva virgen y la mitad de la mantequilla.

- ● Mientras se rehoga la cebolla, ir calentando el caldo. Cuando haya empezado a hervir, bajar el fuego al mínimo para mantenerlo caliente.

- ● Cuando la cebolla esté cocida y blanda, añadir el arroz y sofreír unos tres minutos. Luego, añadir un chorrito de vino blanco y bajar el fuego para que el arroz pueda absorberlo.

- ● Una vez que el arroz haya absorbido todo el vino, añadir el caldo poco a poco bien caliente y remover el arroz. Se debe tener en cuenta que el caldo se irá añadiendo en cantidad suficiente para que el arroz se absorba, y se repetirá varias veces esta operación hasta que terminemos de añadir todo el litro de caldo.

- ● A mitad de la cocción del arroz, pasados unos 25 minutos aproximadamente, le añadimos la sal, la pimienta y el azafrán, y removemos un poco.

- ● Pasados otros 20 ó 25 minutos aproximadamente, retiramos el arroz del fuego y añadimos el resto de la mantequilla en trozos muy pequeños hasta que se derrita, y a continuación el queso parmesano, que también se derretirá con el calor del arroz recién cocido.

Una receta clásica entre las clásicas. A pesar de lo que haya podido oír sobre la dificultad de su preparación, no dude en probar nuestra propuesta. No se arrepentirá, pues un buen risotto a la milanesa es un auténtico manjar.

Dificultad: Fácil

Tiempo de preparación: 15 minutos

ESPAGUETIS EN SALSA VERDE

Ingredientes

- ✓ 500 g de espaguetis integrales
- ✓ Salsa verde (ver recetario en la página 174)

Indicaciones

- Este plato lo pueden tolerar los celíacos si utilizamos espaguetis de arroz o de maíz.

Elaboración

- Cocemos los espaguetis según indicamos en la página 183.
- Una vez escurridos, los echamos en una cazuela junto con la salsa verde y removemos un par de minutos a fuego lento.
- Tapamos y dejamos reposar 5 minutos más, y ya se pueden servir.

Si hasta ahora no se ha atrevido a cocinar, esta es una forma muy sencilla de preparar y degustar unos espléndidos espaguetis.

* *Dificultad:* Fácil
* *Tiempo de preparación:* 15 minutos

TALLARINES A LA ALBAHACA

Ingredientes

- ✓ 400 g de tallarines integrales
- ✓ 2 ramitas de albahaca fresca
- ✓ 1 diente de ajo
- ✓ 50 g de piñones
- ✓ Sal de hierbas
- ✓ 1/2 cebolla
- ✓ Aceite de oliva

Indicaciones

- Plato vegano.
- Plato tolerado por celíacos.

Elaboración

- Cocemos los tallarines según indicamos en la receta de los espaguetis en la página 183.

- Picamos las hojas de albahaca, el ajo, los piñones y la cebolla.

- Lo sofreímos en una sartén con un chorrito de aceite de oliva durante dos minutos a fuego medio.

- Añadimos los espaguetis escurridos y la sal de hierbas.

- Removemos y dejamos en el fuego 5 minutos más, y ya podemos servir.

La albahaca es una hierba de numerosas virtudes saludables a la par de deliciosa. En esta receta, su mezcla con los piñones y el ajo dan un resultado magnífico.

* *Dificultad:* Fácil
* *Tiempo de preparación:* 20 minutos

ARROZ CON SETAS Y CHAMPIÑÓN

Ingredientes

- 400 g de arroz integral
- 1/2 kg de setas de cardo
- 250 g de champiñones
- 3 dientes de ajo
- 1/2 cebolla
- Aceite de oliva virgen
- Sal de hierbas

Indicaciones

- Plato vegano.
- Plato tolerado por celíacos.

Elaboración

- Cocemos el arroz según indicamos en la página 183.

- Cortamos en trozos pequeños las setas de cardo y los champiñones y picamos bien el ajo y la cebolla.

- Lo salteamos todo durante unos 3 minutos en una sartén con un chorrito de aceite de oliva virgen y a continuación le añadimos el arroz ya cocido y escurrido y una pizca de sal de hierbas.

- Salteamos todo durante 5 minutos más, y servimos.

Seguro que este arroz será una verdadera sorpresa de placer culinario. Pruébelo y verá que no exageramos.

✳ *Dificultad:* Fácil

🕓 *Tiempo de preparación:* 15 minutos

Macarrones de Quínoa con Calabacín y Queso Roquefort

Ingredientes

- ✓ 1/2 kg de macarrones integrales de quínoa
- ✓ 1 calabacín grande
- ✓ 100 g de queso roquefort
- ✓ 1 diente de ajo
- ✓ 1/2 cebolla pequeña
- ✓ 10 cl de nata líquida
- ✓ Aceite de oliva virgen
- ✓ Sal de hierbas

Indicaciones

- ● Plato tolerado por celíacos.

Elaboración

- ● Cocemos la pasta según indicamos en la página 183.

- ● En una cacerola paqueña calentamos a fuego lento el queso roquefort y la nata hasta que se disuelva el queso y le añadimos la sal de hierbas.

- ● Cortamos el calabacín en tiras finas y lo salteamos durante dos minutos con un chorrito de aceite de oliva virgen en una sartén junto con la cebolla y el ajo bien picados.

- ● Añadimos los macarrones cocidos y escurridos y salteamos todo 2 minutos más.

- ● A continuación vertemos la mezcla de la nata y el queso, calentamos 5 minutos más, removiendo con cuidado, retiramos y servimos caliente.

La quínoa es un cereal muy nutritivo cada vez más fácil de encontrar. No obstante, en esta receta pueden utilizarse otros macarrones integrales.

Dificultad: Media
Tiempo de preparación: 25 minutos

Canelones de Queso con Albahaca

Ingredientes

- ✓ 12 placas de canelones
- ✓ 200 g de queso fresco
- ✓ 100 g de queso parmesano
- ✓ 50 g de mantequilla vegetal
- ✓ Sal de hierbas
- ✓ Pimienta blanca molida
- ✓ Una ramita de albahaca
- ✓ Salsa de tomate frito (ver recetá en la página 175)

Indicaciones

- Este plato es apto para veganos si sustituimos el queso fresco y el parmesano por tofu.

Elaboración

- Cocemos la pasta de los canelones según se recomienda en las instrucciones, pues cada fabricante sabe exactamente el tiempo que necesita la pasta, dependiendo de cómo la hayan elaborado.

- En un bol ponemos el queso fresco y los huevos, y lo batimos todo bien. A continuación añadimos la mitad del queso parmesano, la albahaca bien picada, la sal de hierbas y una pizca de pimienta blanca molida, y removemos a fondo.

- Rellenamos los canelones con una cucharada sopera de esta mezcla y enrollamos en forma cilíndrica.

- Untamos de margarina una fuente de hornear, cubrimos el fondo con la salsa de tomate frito, colocamos los canelones, los rociamos con salsa de tomate frito, espolvoreamos por encima el queso parmesano que nos quedaba y los metemos en el horno precalentado unos 10 minutos a 200 °C.

- Servimos bien calientes.

Si le gusta el queso, seguro que hará de esta receta una de sus favoritas.

* *Dificultad:* Fácil
* *Tiempo de preparación:* 25 minutos

TORTELLINIS DE ESPINACAS A LAS FINAS HIERBAS

Ingredientes

- ✓ 1/2 kg de tortellinis de espinacas
- ✓ 1 ramita de perejil
- ✓ 1 ramita de albahaca
- ✓ 1 ramita de estragón
- ✓ 1 ramita de menta
- ✓ 1 ramita de cilantro
- ✓ 2 dientes de ajo
- ✓ 1/2 cebolla mediana
- ✓ 2 nueces peladas
- ✓ Aceite de oliva virgen
- ✓ Sal de hierbas

Indicaciones

- Plato vegano.

Elaboración

- Cocemos la pasta según se recomienda en las instrucciones, pues cada fabricante sabe el tiempo exacto que necesita la pasta, dependiendo de cómo la hayan elaborado.

- En un bol trituramos con una batidora todos los ingredientes (salvo los tortellinis) hasta conseguir una crema suave.

- Saltear durante 2 minutos los tortellinis escurridos en una sartén con un chorrito de aceite de oliva virgen y añadimos la crema obtenida, removemos durante 5 minutos más y servimos.

La crema resultante de batir el aceite de oliva con las hierbas, el ajo y las nueces puede servir para muchos otros platos, aunque con esta pasta resulta casi insuperable.

Dificultad: Fácil

Tiempo de preparación: 15 minutos

Espaguetis de Maíz con Verduras

Ingredientes

- ✓ 1/2 kg de espaguetis de maíz
- ✓ 1 calabacín
- ✓ 1 pimiento rojo
- ✓ 2 tomates
- ✓ 1 zanahoria
- ✓ 2 dientes de ajo
- ✓ 1/2 cebolla mediana
- ✓ Aceite de oliva virgen
- ✓ Sal de hierbas
- ✓ Albahaca molida

Indicaciones

- Plato vegano.
- Plato tolerado por celíacos.

Elaboración

- Cocemos la pasta según indicamos en la página 183, pero, al ser maíz, el tiempo de cocción esta vez será de 4 minutos.

- Picamos todas las verduras en trozos pequeños y salteamos en una sartén durante 4 minutos con un chorrito de aceite de oliva virgen.

- Añadimos los espaguetis y la sal y removemos durante 3 minutos.

- Espolvoreamos por encima un poquito de albahaca picada para realzar su sabor.

Ni al más novato de la cocina pueden salirle mal estos espaguetis. Fáciles y sabrosos. Y si no encuentra los de maíz, utilice otros a su gusto.

✳ *Dificultad:* Fácil

Tiempo de preparación: 15 minutos

Macarrones de Maíz con Salsa Bechamel

Ingredientes

✓ 400 g de macarrones de maíz

✓ 100 g de margarina vegetal

✓ 1/2 litro de leche de soja

✓ 100 g de queso parmesano rallado

✓ Sal de hierbas

✓ Pimienta negra molida

✓ Salsa de bechamel *El Vergel*

Indicaciones

● Plato vegano.

● Plato tolerado por celíacos.

Elaboración

● Cocemos la pasta según indicamos en la página 183 pero, al ser de maíz, esta vez solo durante 5 minutos.

● Dejamos escurrir los macarrones y los cocemos de nuevo con la leche de soja hasta que la absorban toda.

● Introducimos los macarrones en una fuente de hornear y le añadimos por encima la margarina vegetal picada en trocitos muy pequeños, un poco de sal de hierbas y una pizca de pimienta negra molida.

● A continuación, los bañamos generosamente con salsa bechamel, les espolvoreamos por encima queso parmesano rallado y los introducimos al horno ya precalentado a 200 °C durante 10 minutos.

Si no ha probado la pasta hecha con maíz, esta sabrosa receta le da una excelente oportunidad de hacerla.

Dificultad: Fácil

Tiempo de preparación: 20 minutos

ARROZ MIL DELICIAS

Ingredientes

- ✓ 400 g de arroz integral
- ✓ 1 zanahoria mediana
- ✓ 1 calabacín
- ✓ 200 g de seitán
- ✓ 1 pimiento verde pequeño
- ✓ 1 ramita de apio
- ✓ 1 diente de ajo
- ✓ 1/2 cebolla
- ✓ Aceite de oliva virgen
- ✓ Sal de hierbas

Indicaciones

- Plato vegano.
- Plato tolerado por celíacos.

Elaboración

- Cocemos el arroz según indicamos en la página 183.
- Pelamos y picamos en tiras finas las zanahorias, el apio, la cebolla y el calabacín.
- Cortamos el pimiento y el seitán en cuadraditos pequeños.
- Salteamos todo en una sartén con un chorrito de aceite de oliva virgen durante unos 4 minutos.
- A continuación, añadimos el arroz y la sal de hierbas, removemos durante 5 minutos más y servimos.

Una receta que sirve perfectamente de acompañamiento o como primer plato que encanta a los pequeños.

* *Dificultad:* Media-Alta
* *Tiempo de preparación:* 60 minutos

RISOTTO DE ESPINACAS

Ingredientes

- ✓ 400 g de arroz integral largo
- ✓ 1/2 kg de espinacas frescas
- ✓ 1 cebolla mediana
- ✓ 1 litro de caldo de verduras
- ✓ 50 g de margarina vegetal
- ✓ 40 g de queso parmesano rallado
- ✓ Aceite de oliva
- ✓ Sal de hierbas
- ✓ Pimienta negra molida
- ✓ Nuez moscada molida
- ✓ 1/2 vaso de vino blanco

Indicaciones

- Plato vegano.

- Plato tolerado por celíacos.

Elaboración

- Pelar y picar finamente la cebolla; en una sartén, saltear con un chorrito de aceite de oliva las espinacas cortadas en tiras finas, junto con la cebolla y la mitad de la margarina, durante unos 5 minutos, y a continuación añadimos el arroz y sofreímos unos 3 minutos. Luego, añadir el vino blanco y bajar el fuego para que el arroz pueda absorberlo.

- Mientras vamos calentando el caldo. Cuando haya arrancado a hervir, bajar el fuego al mínimo para mantenerlo caliente.

- Una vez que el arroz haya absorbido todo el vino, añadir el caldo bien caliente y remover el arroz. Se debe tener en cuenta que el caldo se irá añadiendo en cantidad suficiente para que el arroz lo absorba, y que se repetirá varias veces esta operación hasta que no quede caldo.

- A mitad de la cocción del arroz, pasados unos 25 minutos aproximadamente, le añadimos la sal, la pimienta y la nuez moscada, y removemos un poco.

- Pasados otros 20 ó 25 minutos, retiramos del fuego y añadimos el resto de la margarina vegetal finalmente troceada y el queso parmesano espolvoreado por encima.

Como ya dijimos, el risotto es una auténtica delicia, así que no dude en probar a cocinarlo, pues si sigue estas instrucciones, el éxito estará asegurado.

* *Dificultad:* Fácil
* *Tiempo de preparación:* 10 minutos

ESPAGUETIS A LA MILANESA

Indicaciones

* Este plato es apto para veganos, si prescindimos del queso parmesano rallado.

Ingredientes

* 400 g de espaguetis integrales
* 100 g de queso parmesano
* Salsa milanesa

Elaboración

* Cocemos los espaguetis según indicamos en la página 183.
* En una cacerola ponemos a calentar a fuego lento la salsa milanesa y añadimos los espaguetis.
* Removemos durante 5 minutos y servimos, espolvoreando el queso parmesano por encima.

Más fácil y rápido, imposible... pero el resultado es un plato de pasta muy sabroso.

* *Dificultad:* Fácil
* *Tiempo de preparación:* 15 minutos

Paella Vegetariana

Ingredientes

- ✓ 400 g de arroz integral largo
- ✓ 1 zanahoria
- ✓ 2 dientes de ajo
- ✓ 1/2 cebolla
- ✓ 1 calabacín
- ✓ 100 g de guisantes cocidos
- ✓ 1 pimiento rojo
- ✓ 1 pimiento verde
- ✓ 100 g de seitán
- ✓ 100 g de algas *hiziqui*
- ✓ Azafrán
- ✓ Aceite de oliva virgen
- ✓ Sal de hierbas

Elaboración

- ● Cocemos el arroz según indicamos en la página 183.

- ● Picamos todas las verduras en trozos muy pequeños.

- ● En una sartén con aceite de oliva salteamos las verduras, el seitán, una pizca de azafrán y las algas durante 4 minutos.

- ● A continuación, añadimos el arroz y removemos otros 3 minutos.

- ● Añadimos los guisantes y removemos 1 minuto más.

- ● Por último, ponemos la sal de hierbas, removemos 3 minutos más y servimos.

Indicaciones

- ● Plato vegano.
- ● Plato tolerado por celíacos.

Esta es una auténtica paella vegetariana, aunque siempre puede variar los ingredientes vegetales según prefiera. Si cambiamos también el arroz por fideos, tendremos una excelente fideuá más rápida de elaborar, ya que los fideos necesitan menos tiempo de cocción.

Dificultad: Fácil

Tiempo de preparación: 15 minutos

TALLARINES EN SALSA VERDE

Ingredientes

- ✓ 400 g de tallarines integrales
- ✓ 1 diente de ajo
- ✓ 1/2 cebolla
- ✓ 4 nueces
- ✓ Sal de hierbas
- ✓ Aceite de oliva virgen
- ✓ Salsa verde (ver receta en la página 174)

Indicaciones

- Plato vegano.
- Plato tolerado por celíacos.

Elaboración

- Cocemos los tallarines del mismo modo que los espaguetis, según indicamos en la página 183.

- Picamos el ajo y la cebolla y los sofreímos en una sartén durante 2 minutos a fuego medio con un chorrito de aceite de oliva.

- Añadimos los tallarines a la sal de hierbas, removemos y dejamos en el fuego 5 minutos más.

- Añadimos la salsa verde, removemos y dejamos 4 minutos más a fuego lento.

- Retiramos y servimos, espolvoreando las nueces picadas por encima.

Otra forma de preparar la pasta con la salsa verde, esta vez con el añadido del rehogado y las nueces.

* *Dificultad:* Fácil
* *Tiempo de preparación:* 15 minutos

Macarrones de Maíz a la Boloñesa

Ingredientes

- ✓ 400 g de macarrones de maíz
- ✓ 1/2 litro de leche de soja
- ✓ Salsa boloñesa (ver receta en la pág. 180)

Indicaciones

- Plato vegano.
- Plato tolerado por celíacos.

Elaboración

- Cocemos la pasta según indicamos en la página 183, pero esta vez solo durante 5 minutos, pues son de maíz.

- Dejamos escurrir los macarrones y los cocemos de nuevo con la leche de soja hasta que la absorban toda.

- Ponemos la salsa boloñesa a calentar durante 2 minutos y agregamos a continuación los macarrones.

- Removemos y dejamos cocer a fuego lento durante 7 minutos más.

- Dejamos reposar 4 ó 5 minutos y servimos.

- Opcionalmente, se puede espolvorear queso parmesano por encima.

Los famosos espaguetis a la boloñesa que tanto gustan a los niños, pero más nutritivos y sanos.

Dificultad: Fácil

Tiempo de preparación: 15 minutos

ESPAGUETIS AL PESTO

Ingredientes

✓ 500 g de espaguetis integrales

✓ Salsa pesto *El Vergel* (ver receta en la página 176)

Indicaciones

◦ Plato vegano.

◦ Este plato lo pueden tolerar los celíacos si utilizamos espaguetis de arroz o de maíz.

Elaboración

◦ Cocemos lo espaguetis según indicamos en la página 183.

◦ Una vez escurridos, los echamos en una cazuela junto a la salsa pesto y removemos un par de minutos a fuego lento.

◦ Tapamos y dejamos reposar 5 minutos más y ya se pueden servir.

Todo el sabor de la sabrosa salsa pesto italiana que le aseguramos que no tiene ninguna dificultad para preparar.

* *Dificultad:* Media
* *Tiempo de preparación:* 25 minutos

CANELONES RELLENOS DE CALABACÍN Y MENTA

Ingredientes

- ✓ 1/2 kg de calabacín
- ✓ 3 hojas de menta
- ✓ 10 aceitunas verdes sin hueso
- ✓ 2 paquetes de pasta para canelones
- ✓ 1/2 cebolla
- ✓ 100 g de tomate frito (ver receta en la pág. 175)
- ✓ Queso mozarela o emmental para gratinar
- ✓ Salsa bechamel (ver receta en la pág. 172)

Indicaciones

- ● Plato vegano.
- ● Este plato se convierte en vegano si en lugar de utilizar queso para gratinar lo hace con tofu.

Elaboración

- ● Se mezclan y trituran con la batidora todos los ingredientes, menos los canelones, que los pondremos a cocer el tiempo y manera que indique el fabricante.

- ● Mientras tanto, se elabora la salsa bechamel.

- ● Una vez mezclados los ingredientes y cocidos los canelones, se procede al relleno de los mismos, echando una cucharada sopera de la mezcla en cada placa de pasta.

- ● Una vez enrollados, se colocan en una bandeja de barro, se espolvorea por encima el queso rallado y se les echa un poco de salsa de tomate frito.

- ● Se cubren con la bechamel y se meten en el horno precalentado durante 10 ó 15 minutos hasta que queden gratinados.

Unos deliciosos canelones con una mezcla de relleno realmente extraordinaria. ¡No deje de probarlos!

✳ *Dificultad:* Fácil

Tiempo de preparación: 15 minutos

ARROZ BASMATI CON SETAS Y VERDURAS

Ingredientes

- ✓ 400 g de arroz basmati
- ✓ 1 calabacín
- ✓ 1 zanahoria
- ✓ 1/2 pimiento rojo
- ✓ 1/2 pimiento verde
- ✓ 250 g de setas de cardo
- ✓ Curri en polvo
- ✓ 1 diente de ajo
- ✓ Sal de hierbas
- ✓ Un chorrito de salsa de soja
- ✓ 1 ramita de cilantro
- ✓ Aceite de oliva virgen

Indicaciones

- ● Plato vegano.
- ● Plato tolerado por celíacos.

Elaboración

- ● Cocemos el arroz según indicamos en la página 183.
- ● Picamos las verduras en cuadraditos y las salteamos en un poquito de aceite de oliva virgen, junto con el ajo y las setas picadas algo más grandes que las verduras, durante 5 minutos.
- ● A continuación, añadimos el arroz, una pizca de curri y un chorrito de salsa de soja y salteamos durante 5 minutos más.
- ● Cuando esté listo, espolvoreamos un poco de cilantro picado por encima.

El suave y perfumado arroz basmati con el toque oriental que le proporciona el curri. ¡Una delicia!

PASTELES SALADOS Y FRITOS

Dificultad: Fácil

Tiempo de preparación: 60 minutos

SEITÁN A LA GALLEGA

Ingredientes

- ✓ 250 g de seitán
- ✓ 4 patatas medianas
- ✓ Un poco de pimentón
- ✓ 10 cl de aceite de oliva virgen
- ✓ 1 ramita de perejil
- ✓ Sal de hierbas
- ✓ 1/2 taza de caldo vegetal

Indicaciones

- Plato vegano.

Elaboración

- En una olla con agua y un puñado de sal de hierbas, ponemos las patatas a cocer durante 40 minutos.

- Cuando estén *al dente*, las sacamos y las reservamos.

- Cortamos el seitán en lonchas de un centímetro de grosor aproximadamente y las doramos en una sartén con un poco de aceite durante 2 minutos por cada lado.

- Una vez frías, pelamos las patatas y las cortamos en lonchas gruesas y las calentamos de nuevo en una sartén con un poco de agua y el caldo vegetal.

- A continuación, colocamos en un plato las patatas calientes, y encima de ellas las lonchas de seitán. Espolvoreamos con el pimentón y el perejil y añadimos un chorrito de aceite de oliva virgen.

Este plato sustituye al clásico pulpo por el seitán. Pruébelo y verá qué estupenda variante. Y no olvide que es fundamental usar un buen aceite de oliva virgen.

* *Dificultad:* Fácil
* *Tiempo de preparación:* 45 minutos

PASTEL DE CALABACÍN AL CURRI CON TOFU AHUMADO

Ingredientes

- ✓ 1 kg de calabacín
- ✓ 1 cebolla grande
- ✓ 1/2 cucharadita de curri en polvo
- ✓ 3 huevos
- ✓ 1 chorrito de aceite de oliva
- ✓ 250 g de tofu ahumado

Indicaciones

- Plato tolerado por celíacos.

Elaboración

- Picamos el calabacín en trozos no muy pequeños, y en una cazuela lo freímos junto a la cebolla bien picada durante 5 minutos con un chorrito de aceite de oliva.

- Después, retiramos del fuego y tapamos.

- Pasados 15 minutos, escurrimos y reservamos.

- Batimos los huevos junto con el curri en un bol y le añadimos el aceite de oliva y el tofu que previamente habremos rallado, y removemos bien.

- En el mismo bol, añadimos ahora el sofrito de calabacín y cebolla y mezclamos, poniéndolo a continuación en una fuente de hornear.

- Lo metemos al horno precalentado durante 20 minutos a 180 °C, y ya está listo para servir.

A este pastel le va muy bien el acompañamiento de una salsa veganesa, pero pruebe cualquier otra a su gusto.

Dificultad: Fácil

Tiempo de preparación: 60 minutos

PUDIN DE CALABACÍN CON SALSA DE PIMIENTOS ASADOS

Ingredientes

- ✓ 1 kg de calabacines
- ✓ 1 cebolla grande
- ✓ 2 huevos
- ✓ Sal de hierbas
- ✓ Pimienta
- ✓ 10 g de mantequilla
- ✓ Un chorrito de aceite de oliva
- ✓ Salsa de pimientos asados (ver receta en la pág. 179)

Indicaciones

- ● Plato tolerado por celíacos.

Elaboración

- ● Cortar en láminas la cebolla y saltear en una cazuela con el aceite durante un minuto.

- ● Añadir el calabacín, que previamente ha sido picado en trozos pequeños. Tapar y remover de vez en cuando.

- ● Pasados unos 10 minutos, se sazona con sal de hierbas y pimienta.

- ● Quitamos el agua que hayan soltado y lo trituramos con una batidora.

- ● Añadimos los huevos que habremos batido con anterioridad y mezclamos. Untamos un molde de pudin con la mantequilla, lo rellenamos con la mezcla y lo introducimos en otro molde mayor lleno de agua hasta la mitad aproximadamente para hornear al baño María durante unos 40 minutos.

- ● Mientras se hornea, es muy importante taparlo con papel de estraza para que no se queme. Después, lo dejamos enfriar, lo sacamos del molde y servimos con salsa de pimientos asados cubriendo por encima.

Verdaderamente, la unión del calabacín y de la cebolla es un prodigio de finura. Pruébelo en este pudin delicioso.

125

* *Dificultad:* Media
* *Tiempo de preparación:* 20 minutos + 2 horas de reposo

CROQUETAS DE ESPINACAS

Ingredientes

- ✓ 500 g de espinacas
- ✓ 250 ml de leche de soja
- ✓ 3 cucharadas soperas de harina integral de trigo
- ✓ 20 g de margarina
- ✓ Aceite de oliva virgen
- ✓ 2 huevos
- ✓ 250 g de pan rallado
- ✓ 1 puerro mediano
- ✓ Pimienta negra molida
- ✓ Sal de hierbas
- ✓ 1 pizca de nuez moscada

Indicaciones

- Plato tolerado por celíacos.

Elaboración

- En una sartén salteamos con un chorrito de aceite de oliva un puerro picado. Cando esté dorado, añadimos las espinacas y salteamos 2 ó 3 minutos más.

- A continuación, le añadimos la margarina y dejamos que se derrita, y rápidamente le echamos la harina integral —que previamente ha sido tamizada— y removemos continuamente para evitar que se formen grumos. Le añadimos la leche y seguimos removiendo durante 10 minutos a fuego medio.

- Después, le agregamos la sal de hierbas y una pizca de pimienta y otra de nuez moscada y removemos hasta obtener na masa consistente que se pueda modelar.

- Se puede ir rectificando de leche y de harina, dependiendo del espesor que se desee conseguir. Con más leche será más ligero, con menos más espesa.

- Las dejamos enfriar en el frigorífico durante al menos 2 horas, y después las moldeamos en formas alargadas o redondas, rebozamos con el huevo, después con el pan rallado y a continuación freímos con aceite de oliva virgen a fuego fuerte hasta que se doren.

Le aseguramos que estas croquetas son sencillamente deliciosas, pero si quiere un sabor más suave, puede utilizar harina semiintegral en lugar de integral.

Dificultad: Fácil

Tiempo de preparación: 20 minutos + 2 horas de reposo

CROQUETAS DE PUERROS Y HUEVO DURO

Ingredientes

- ✓ 4 puerros medianos
- ✓ 250 ml de leche de soja
- ✓ 3 cucharadas soperas de harina integral de trigo
- ✓ 20 g de margarina
- ✓ Aceite de oliva virgen
- ✓ 4 huevos
- ✓ 250 g de pan rallado
- ✓ Pimienta negra molida
- ✓ Sal de hierbas
- ✓ 1 pizca de nuez moscada

Elaboración

- En una sartén salteamos con un chorrito de aceite de oliva los puerros picados.

- Mientras, cocemos dos huevos en un cazo con agua durante 8 ó 10 minutos y, una vez fríos, los pelamos, rallamos y reservamos.

- Cuando estén dorados los puerros, les añadimos la margarina y dejamos que se derrita, y rápidamente les echamos la harina integral —que previamente ha sido tamizada y separada del salvado—, y removemos continuamente para evitar los grumos.

- Les añadimos la leche y seguimos removiendo durante unos 10 minutos a fuego medio.

- Añadimos a la mezcla los huevos rallados junto con la sal de hierbas, una pizca de pimienta y la nuez moscada, un chorrito más de aceite de oliva virgen, y removemos hasta obtener una masa consistente que se pueda moldear.

- Dejamos la masa enfriar en el frigorífico durante al menos 2 horas y después las moldeamos en formas alargadas o redondas, rebozamos con el huevo, después con el pan rallado y a continuación freímos en aceite de oliva a fuego fuerte hasta que se doren.

Estas croquetas son otro prodigio de sabor exquisito. No deje de probarlas.

127

Dificultad: Fácil

Tiempo de preparación: 30 minutos

CROQUETAS DE ZANAHORIAS Y QUESO

Ingredientes

- ✓ 1 kg de zanahorias
- ✓ 100 g de queso semicurado
- ✓ 1 ramita de albahaca
- ✓ 1/2 cebolla mediana
- ✓ 4 huevos
- ✓ Sal de hierbas
- ✓ 250 g de pan rallado

Elaboración

- Pelamos y rallamos la zanahoria y la echamos en una cacerola junto al queso, que también rallamos.

- Picamos finamente la cebolla y la albahaca y las añadimos a la mezcla anterior.

- A continuación, agregamos cuatro huevos y sal de hierbas al gusto y removemos.

- Seguidamente, vamos añadiendo poco a poco pan rallado hasta obtener una masa moldeable.

- Por último, con la masa hacemos las formas que deseemos, rebozamos con pan rallado y freímos con aceite de oliva virgen a fuego fuerte hasta que se doren.

Otra forma de obtener unas deliciosas croquetas. Es aconsejable que, al ir la zanahoria en crudo, las croquetas tengan un tamaño pequeño para que se puedan freír bien.

Dificultad: Fácil

Tiempo de preparación: 30 minutos

CROQUETAS DE MANZANA

Ingredientes

- ✓ 1/2 kg de manzanas de variedad golden o reineta
- ✓ 100 g de queso semicurado
- ✓ 4 huevos
- ✓ Sal de hierbas
- ✓ 250 g de pan rallado
- ✓ 1 cebolla

Elaboración

- ● Pelamos y rallamos las manzanas y las escurrimos.

- ● Rallamos el queso y lo echamos en una cacerola junto a la manzana.

- ● Picamos finamente la cebolla y la añadimos a la mezcla anterior.

- ● A continuación, añadimos los 4 huevos y la sal de hierbas al gusto y removemos.

- ● Seguidamente vamos añadiento un poco de pan rallado hasta obtener una masa moldeable.

- ● Hay que escurrir bien las manzanas para que se puedan moldear fácilmente.

- ● Por último, con la masa hacemos las formas que deseemos, rebozamos con pan rallado y freímos con aceite de oliva virgen a fuego fuerte hasta que se doren.

La sorpresa del dulce de la manzana junto a la cebolla y el queso dan a estas croquetas un sabor único.

129

* *Dificultad:* Fácil
* *Tiempo de preparación:* 20 minutos + 2 horas de reposo

CROQUETAS DE CHAMPIÑÓN

Ingredientes

- ✓ 500 g de champiñón
- ✓ 250 ml de leche de soja
- ✓ 3 cucharadas soperas de harina integral de trigo
- ✓ 20 g de margarina
- ✓ Aceite de oliva virgen
- ✓ 2 huevos
- ✓ 250 g de pan rallado
- ✓ 1 puerro mediano
- ✓ Pimienta negra molida
- ✓ Sal de hierbas
- ✓ 1 pizca de nuez moscada

Elaboración

- En una sartén, salteamos con un chorrito de aceite de oliva los champiñones.

- Cuando están dorados, le añadimos la margarina y dejamos que se derrita, y rápidamente le echamos la harina integral —que previamente ha sido tamizada y separada del salvado— y removemos continuamente evitando que se formen grumos.

- Le añadimos la leche y seguimos removiendo durante 10 minutos más a fuego medio.

- Después, le agregamos la sal de hierbas y una pizca de pimienta y de nuez moscada, removiendo hasta obtener una masa consistente que se pueda moldear.

- Dejamos enfriar en el frigorífico durante al menos 2 horas y después las moldeamos en formas alargadas o redondas, rebozamos con el huevo, después con el pan rallado y a continuación freímos con aceite de oliva a fuego fuerte hasta que se doren.

Estas croquetas son favoritas para muchos, pero utilice nuestra receta de croquetas para cualquier otra variedad que elija.

Dificultad: Fácil

Tiempo de preparación: 30 minutos

PASTEL DE BERENJENAS CON TOMATE FRITO

Ingredientes

- ✓ 4 berenjenas
- ✓ 4 huevos
- ✓ 1 diente de ajo
- ✓ 1 cebolla
- ✓ 60 ml de salsa de tomate frito (ver receta en la pág. 175)
- ✓ 10 cl de nata líquida
- ✓ Sal de hierbas
- ✓ Una pizca de orégano
- ✓ 10 cl de aceite de oliva virgen

Indicaciones

- Plato tolerado por celíacos

Elaboración

- Cortamos las berenjenas en rodajas y picamos la cebolla y el diente de ajo.

- Salteamos en una sartén la cebolla y el ajo con el aceite de oliva durante unos 5 minutos a fuego medio y después incorporamos las berenjenas y sofreímos todo durante 20 minutos, removiendo de vez en cuando.

- En un bol aparte batimos los huevos y después le añadimos la nata, la salsa de tomate, una pizca de hierbas y el orégano, y con la ayuda de la varilla removemos enérgicamente y le añadimos las berenjenas sofritas con el ajo y la cebolla que previamente habremos escurrido hasta quitarles el aceite.

- Echamos la mezcla en un molde, le añadimos más salsa de tomate frito por encima y la introducimos en el horno precalentado a 200 ºC durante unos 25 minutos.

- Sacamos del molde y se sirve.

Recuerde que es conveniente untar con margarina o mantequilla el molde antes de introducir el pastel, ya que así no se pegará y, una vez horneado, podremos sacarlo fácilmente.

* *Dificultad:* Fácil
* *Tiempo de preparación:* 60 minutos

PASTEL DE PATATA, CEBOLLA Y REQUESÓN

Ingredientes

- ✓ 1/2 kg de patatas
- ✓ 2 cebollas grandes
- ✓ 200 g de requesón
- ✓ 50 g de mantequilla
- ✓ Sal de hierbas
- ✓ Un chorrito de aceite de oliva

Indicaciones

- Plato tolerado por celíacos.

Elaboración

- Pelamos y cortamos las patatas y las cebollas en rodajas finas y salteamos en una sartén con un chorrito de aceite durante 10 minutos a fuego lento.

- Pasado este tiempo, escurrimos el contenido de la sartén y lo pasamos a un bol, añadimos el requesón desmenuzado, la sal de hierbas y la mantequilla previamente derretida.

- Mezclamos bien y lo pasamos todo a un molde de hornear, que previamente habremos untado con un poco de mantequilla para que no se pegue, y lo metemos al horno precalentado a 200 °C durante unos 20 minutos.

- Puede servirse caliente o frío.

Simplemente, es sorprendente que una cosa tan sencilla y fácil de hacer pueda estar tan buena. ¡Y a los niños les encanta!

Dificultad: Media
Tiempo de preparación: 40 minutos

PASTEL DE COLIFLOR Y BRÓCOLI

Ingredientes

- ✓ 1 coliflor mediana
- ✓ 2 cogollos de brócoli
- ✓ Sal de hierbas
- ✓ 50 g de mantequilla
- ✓ 4 huevos

Indicaciones

- Plato tolerado por celíacos.

Elaboración

- En una cacerola ponemos a cocer la coliflor con una pizca de sal y cubierta de agua durante 20 minutos.

- Una vez cocida, la trituramos con la batidora y en una sartén calentamos la crema de coliflor con 20 g de mantequilla durante 3 minutos. Luego, lo mezclamos con 2 huevos que habremos batido con anterioridad.

- Al mismo tiempo hacemos la misma operación con el brócoli, es decir, cocemos, trituramos y mezclamos con 20 g de mantequilla y luego con los huevos.

- Una vez que tenemos la coliflor y el brócoli por separado, untamos con mantequilla un molde de pudin y volcamos primeramente la coliflor y encima el brócoli, de tal manera que queden dos capas diferenciadas, una de color blanco y otra de color verde, y lo metemos en el horno, previamente precalentado, durante 15 minutos a 180 °C.

- Pasado este tiempo, retiramos del horno, se deja enfriar para sacarlo del molde y, si se desea, se puede servir con una salsa veganesa.

En esta sabrosa receta es importante que las masas de coliflor y brócoli queden consistentes antes de meterlas en la bandeja de hornear.

* *Dificultad:* Fácil
* *Tiempo de preparación:* 50 minutos

PASTEL DE CALABACÍN CON SALSA DE TOMATE FRITO

Ingredientes

* ✓ 1 kg de calabacín
* ✓ 1 cebolla grande
* ✓ 4 huevos
* ✓ Sal de hierbas
* ✓ Pimienta blanca molida
* ✓ Salsa de tomate frito (ver receta en la pág. 175)
* ✓ 1 chorrito de aceite de oliva

Indicaciones

* Plato tolerado por celíacos.

Elaboración

* En una cazuela salteamos con un chorrito de aceite de oliva y a fuego lento durante unos 5 minutos la cebolla bien picada y el calabacín, ya pelado y cortado en lonchas muy finas.

* Esperamos que se evapore el agua y apartamos del fuego y dejamos reposar.

* Batimos los huevos y los mezclamos con el calabacín y la cebolla.

* Añadimos un poco de sal de hierbas y una pizca de pimienta blanca molida y removemos.

* Volcamos en una fuente de hornear y metemos al horno precalentado durante unos 15 minutos a 200 °C.

* Pasado este tiempo, desmoldamos y cubrimos el pastel con la salsa de tomate frito.

* Este pastel puede servirse tanto frío como caliente.

Un pastel riquísimo en una receta que no falla jamás.

Dificultad: Fácil

Tiempo de preparación: 50 minutos

Lasaña de Calabacín y Espinacas

Ingredientes

- ✓ 1/2 kg de pasta de lasaña
- ✓ 1/2 kg de calabacines
- ✓ 1/2 kg de espinacas
- ✓ 1 ramita de apio
- ✓ 1 cebolla grande
- ✓ 1 diente de ajo
- ✓ Sal de hierbas
- ✓ 10 cl de aceite de oliva virgen
- ✓ Salsa de tomate frito (ver receta en la pág. 175)

Indicaciones

- Si sustituimos el queso parmesano por tofu rallado, este plato es indicado para veganos.

Elaboración

- En una cazuela cocemos las espinacas en agua con una pizca de sal durante 5 minutos.

- Aparte, en una sartén, salteamos el ajo y la cebolla bien picados durante unos 2 minutos y a continuación agregamos el calabacín y el apio, que lo habremos cortado previamente en trozos muy pequeños y salteamos unos 10 minutos más.

- Entonces añadimos las espinacas escurridas y un poco de sal de hierbas.

- Removemos durante 2 minutos más, retiramos del fuego y reservamos.

- Por otra parte, cocemos la pasta de la lasaña según se recomiende en sus instrucciones, pues cada fabricante sabe exactamente el tiempo de cocción que necesita su producto.

- Cuando la pasta esté lista, cubrimos el fondo de una fuente de hornear con salsa bechamel, después una capa de lasaña y luego una capa del grosor de un dedo con las verduras que teníamos reservadas. A continuación colocamos otra capa de pasta, otra de verduras y terminamos con otra capa de pasta.

- Cubrimos bien con salsa de tomate frito e introducimos al horno precalentado unos 15 minutos a unos 180 °C.

Una deliciosa forma de lasaña menos pesada y mucho más sana y nutritiva.

Dificultad: Fácil

Tiempo de preparación: 50 minutos

PASTEL DE CALABAZA Y PUERROS CON SALSA DE TOMATE FRITO

Ingredientes

- 1 calabaza grande (entre 1 ó 1 1/2 kg
- 4 puerros
- 10 ml de nata líquida
- 1 chorrito de aceite de oliva virgen
- 1 pizca de canela
- Sal de hierbas
- 4 huevos
- Salsa de tomate frito (ver receta en la pág. 175)

Indicaciones

- Plato tolerado por celíacos.

Elaboración

- Pelamos la calabaza, sacamos las semillas y las cortamos en rodajas finas. Cortamos también los puerros en rodajas finas y los sofreímos junto a la calabaza en una cazuela con aceite de oliva y lo cocinamos a fuego lento durante 15 minutos.

- Escurrimos y reservamos.

- En un bol batimos 4 huevos, la nata y la canela y lo mezclamos con la batidora junto a la calabaza y los puerros que teníamos reservados.

- Untamos con un poco de aceite de oliva una fuente de hornear y después espolvoreamos por encima un poco de harina de maíz.

- Echamos la mezcla en una fuente removiéndola para que quede uniforme, y la metemos al horno previamente precalentado durante 25 minutos a 200 °C.

- Aparte calentamos la salsa de tomate frito.

- Desmoldamos el pastel y lo rociamos con la salsa de tomate frito. Servimos caliente.

Todas las virtudes terapéuticas de la calabaza en un plato fácil de realizar y sencillamente delicioso.

Dificultad: Fácil

Tiempo de preparación: 15 minutos

ESCALOPINES DE SEITÁN A LA PIMIENTA VERDE

Ingredientes

- ✓ 1/2 kg de seitán
- ✓ 50 g de harina integral de trigo
- ✓ 4 huevos
- ✓ 250 g de panrallado
- ✓ Aceite de oliva virgen
- ✓ Salsa de pimienta verde (ver receta en la pág. 174)

Elaboración

- Cortamos el seitán en filetitos finos.

- Los rebozamos, pasándolo primero por la harina y después por el huevo.

- A continuación los freímos en aceite de oliva virgen a fuego vivo.

- Los ponemos en un plato y esparcimos la salsa a la pimienta verde por encima.

- Servimos bien calientes.

El nutritivo seitán es la alternativa vegetariana más habitual a la carne. En esta receta hemos optado por una deliciosa salsa a la pimienta, pero se puede acompañar de cualquier otra a su gusto, como la de mostaza.

137

Dificultad: Fácil
Tiempo de preparación: 50 minutos

PASTEL DE CHAMPIÑONES CON BECHAMEL

Ingredientes

- ✓ 1 kg de champiñones
- ✓ 2 cebollas grandes
- ✓ 2 dientes de ajo
- ✓ 3 huevos
- ✓ 20 cl de aceite de oliva virgen
- ✓ Sal de hierbas
- ✓ Nuez moscada.

Indicaciones

- ● Plato tolerado por celíacos.

Elaboración

- ● Cortamos los champiñones en rodajas y picamos la cebolla y el diente de ajo.

- ● Salteamos en una sartén la cebolla y el ajo con el aceite de oliva durante 5 minutos a fuego medio y después incorporamos los champiñones y dejamos sofreír durante 10 minutos más, removiendo de vez en cuando.

- ● En un bol aparte batimos los huevos y les añadimos una pizca de nuez moscada, un poco de sal y, con la ayuda de una varilla, removemos enérgicamente para después añadir el sofrito de champiñones, que previamente habremos escurrido, y mezclamos bien.

- ● Echamos la mezcla en una bandeja de hornear, le añadimos la salsa bechamel por encima y la introducimos en el horno, previamente precalentado a 200 °C, durante 25 minutos.

- ● Pasado este tiempo, se saca el molde y se sirve.

La mezcla de la cebolla y los champiñones es magnífica, pero podemos sustituirlos por cualquier otro tipo de setas de temporada.

Dificultad: Fácil

Tiempo de preparación: 20 minutos

SAN JACOBO DE SEITÁN CON SALSA DE MOJO PICÓN

- ✓ 500 g de seitán
- ✓ 250 g de queso semicurado
- ✓ 150 g de harina de trigo
- ✓ 2 huevos
- ✓ Sal de hierbas
- ✓ Pimentón picante
- ✓ Aceite de oliva virgen
- ✓ 50 g de pan rallado
- ✓ Salsa de mojo picón. (ver receta en la pág. 172)

Elaboración

- Cortamos el seitán en lonchas gruesas.

- Cortamos el queso en lonchas del mismo tamaño aproximadamente que las lonchas de seitán.

- Untamos una de las caras de las lonchas de seitán con un poco de pimentón picante e introducimos la loncha de queso entre dos de seitán, como si fuera un sándwich.

- La misma operación hasta conseguir las 4 piezas, las cuales sujetamos atravesándolas con dos palillos.

- Rebozamos los San Jacobos pasándolos primero por la harina, después por el huevo que habremos batido y a continuación por el pan rallado. Los freímos a fuego fuerte con el aceite bien caliente hasta que se doren.

- Retiramos del fuego, les quitamos los palillos y rociamos con salsa de mojo picón también caliente.

Un consistente y sabroso segundo plato. Para los niños, sustituimos el mojo pocón por la salsa de tomate y sustituimos el pimentón picante por el normal. ¡Les encantará!

Dificultad: Fácil

Tiempo de preparación: 30 minutos

PASTEL DE ESPINACAS Y REQUESÓN

Ingredientes

- ✓ 1 kg de espinacas
- ✓ 250 g de requesón desmenuzado
- ✓ 1 cebolla grande
- ✓ 2 dientes de ajo
- ✓ 50 g de margarina
- ✓ 3 huevos
- ✓ 1 chorrito de aceite de oliva virgen.
- ✓ Sal de hierbas

Indicaciones

- Plato tolerado por celíacos.

Elaboración

- Lavamos las espinacas y las cocemos en agua con sal durante unos 10 minutos.

- Escurrimos y reservamos.

- En una sartén, con aceite de oliva virgen, salteamos la cebolla, el ajo, una pizca de sal de hierbas y las espinacas que teníamos reservadas, durante 3 ó 4 minutos.

- Escurrimos de aceite el contenido de la sartén y lo mezclamos con el requesón y los huevos que ya habremos batido, para a continuación volcarlo todo en una fuente de hornear que habremos untado con margarina.

- Lo introducimos al horno previamente precalentado durante unos 10 minutos a 200 °C.

- Se puede servir caliente o frío.

El requesón aporta mucha suavidad a la ya excelente mezcla de espinacas y cebolla. No deje de probarlo, y, además, es muy fácil de hacer.

Dificultad: Fácil

Tiempo de preparación: 60 minutos

PASTEL DE PATATAS

Ingredientes

- ✓ 1 kg de patatas
- ✓ 1 cebolla
- ✓ 1/2 litro de leche de soja
- ✓ 50 g de margarina vegetal
- ✓ 150 g de seitán
- ✓ 150 g picado y tofu ahumado.
- ✓ Salsa de tomate frito (ver receta en pág. 175)
- ✓ Sal de hierbas

Indicaciones

- ● Plato vegano

Elaboración

- ● En una cazuela, con abundante agua y un puñado de sal, ponemos a cocer las patatas durante unos 30 minutos.

- ● Una vez cocidas, las sacamos del agua, las pelamos, las echamos en una cacerola junto con la leche de soja y la margarina y trituramos todo con la batidora para hacer un puré que reservamos,

- ● Por otro lado, en una sartén, sofreímos la cebolla con un chorrito de aceite junto con el seitán y el tofu bien picados y una pizca de sal durante unos 5 minutos.

- ● Después, se añade a la sartén la salsa de tomate frito y se remueve.

- ● Untamos con margarina vegetal una fuente de hornear y cubrimos el fondo con una capa de puré de patatas. A continuación, echamos una capa del sofrito del seitán y del tofu y volvemos a cubrir con otra de puré.

- ● Introducimos en el horno, previamente precalentado, durante 15 minutos a 200 ºC.

Un plato sólido y contundente que sirve también de excelente guarnición.

Dificultad: Fácil

Tiempo de preparación: 10 minutos

BUÑUELOS DE ZANAHORIA

Ingredientes

- ✓ 1 kg de zanahorias
- ✓ 1/2 kg de queso semicurado
- ✓ 2 huevos
- ✓ 1 ramita de hierbabuena
- ✓ Sal de hierbas
- ✓ Aceite de oliva virgen

Indicaciones

- ● Plato tolerado por celíacos.

Elaboración

- ● Batimos los huevos en un bol ancho con un poco de sal de hierbas.
- ● Pelamos y rallamos la zanahoria y la añadimos al bol con los huevos batidos.
- ● Añadimos el queso, que rallaremos muy fino también.
- ● Picamos la hierbabuena y la espolvoreamos dentro del bol.
- ● Mezclamos bien todo con un tenedor hasta conseguir una masa manejable.
- ● Dejamos reposar 5 minutos y, con un utensilio de los que se utilizan para servir los helados, vamos haciendo buñuelos e introduciéndolos en una sartén con abundante aceite bien caliente, y los freímos hasta que se doren.
- ● Servimos calientes.

Unos riquísimos buñuelos en los que puede usar su imaginación para sustituir la zanahoria por otra verdura u hortaliza.

Dificultad: Fácil

Tiempo de preparación: 25 minutos

MUSACA DE BERENJENAS

Ingredientes

- ✓ 1 kg de berenjenas
- ✓ 1 kg de tomates maduros
- ✓ 1 cebolla grande
- ✓ Salsa bechamel (ver receta en la pág. 172)
- ✓ Queso parmesano rallado
- ✓ Pimienta blanca molida
- ✓ Sal de hierbas
- ✓ Aceite de oliva virgen
- ✓ 50 g de margarina vegetal

Indicaciones

- Plato tolerado por celíacos.
- El plato se convierte en vegano si en lugar de queso parmesano rallado utilizamos tofu rallado.

Elaboración

- Cortamos las berenjenas y las cebollas en rodajas finas y las salteamos con un poco de sal de hierbas y una pizca de pimienta blanca molida en una sartén con un chorrito de aceite de oliva virgen durante 5 minutos a fuego lento. Escurrimos bien y reservamos.

- Cortamos los tomates en rodajas y reservamos también.

- Untamos con margarina una fuente de hornear y cubrimos el fondo con la salsa bechamel.

- A continuación, colocamos encima las rodajas de berenjena.

- Encima ponemos las rodajas de tomate, y encima de estas las rodajas de cebolla.

- Por último, colocamos otra capa de berenjena y cubrimos con salsa de bechamel.

- Espolvoreamos por encima un poco de queso parmesano rallado e introducimos al horno, precalentado, durante 10 minutos a 200 °C.

Una original y deliciosa variante de uno de los platos nacionales de Grecia.

143

POSTRES Y BATIDOS

★ *Dificultad:* Media

☼ *Tiempo de preparación:* 35 minutos

TARTA DE CHOCOLATE Y MENTA

Ingredientes

- ✓ 200 g de harina integral de trigo
- ✓ 2 ramitas de menta fresca
- ✓ 50 g de nueces
- ✓ 6 huevos
- ✓ 200 g de azúcar de caña integral
- ✓ 50 g de chocolate en polvo
- ✓ 50 g de margarina vegetal
- ✓ 1/2 tableta de chocolate puro
- ✓ 40 cl de nata líquida

Indicaciones

- ● Plato ovo-lácteo-vegetariano.

Elaboración

- ● Batimos los huevos con 150 g de azúcar de caña integral, las nueces, las ramitas de menta, la harina integral de trigo, el chocolate en polvo y la mantequilla, que habremos derretido.

- ● Mezclamos todo bien, lo echamos en un molde de tarta que habremos untado con un poco de margarina vegetal para que no se pegue, e introducimos en el horno, previamente precalentado a 180 °C durante 15 minutos. Pasado este tiempo, lo sacamos del orno y lo reservamos.

- ● Mientras tanto, picamos la mitad del chocolate puro en trozos muy pequeños y montamos la mitad de la nata a punto de nieve.

- ● Cuando esté montada, añadimos los trocitos de chocolate y el resto del azúcar de caña y removemos despacio hasta conseguir una crema densa.

- ● Cortamos el bizcocho en horizontal por la mitad, como si fuera un sándwich, y echamos la crema en su interior, repartiéndola bien para que quede uniforme.

- ● En una cacerola echamos la nata líquida que nos queda junto con el chocolate restante, que habremos picado bien, y calentamos en el fuego, removiendo constantemente hasta que se disuelva.

El placer del chocolate en una tarta deliciosa que hará las delicias de los más pequeños.

★ *Dificultad:* Fácil

🕐 *Tiempo de preparación:* 30 minutos

LECHE FRITA

Ingredientes

- ✓ 1/2 l de leche de vaca
- ✓ 3 huevos
- ✓ 20 g de azúcar integral de caña
- ✓ 100 g de harina de maíz
- ✓ Un poco de canela molida
- ✓ 25 g de mantequilla
- ✓ Sal de hierbas
- ✓ Aceite de oliva virgen
- ✓ La ralladura de medio limón

Indicaciones

- 🔘 Plato tolerado por celíacos.

Elaboración

- 🔘 En un bol disolvemos la harina de maíz en medio vaso de leche, removiendo bien para que no queden grumos.

- 🔘 Batimos los huevos y reservamos.

- 🔘 El resto de la leche la cocemos con el azúcar de caña integral (dejando un poco para espolvorear después), una pizca de canela y una pizca de sal de hierbas.

- 🔘 Antes de que rompa a hervir añadimos dos terceras partes de los huevos batidos removiendo constantemente durante 5 minutos.

- 🔘 A continuación, añadimos la mantequilla ya fundida, removemos 1 minuto más y colocamos la mezcla en una bandeja untada de aceite de oliva para que no se pegue y dejamos enfriar durante unos 20 minutos hasta que la masa esté consistente.

- 🔘 Cuando ya esté fría, cortamos en trozos cuadrados de unos 5 cm y lo pasamos por el huevo batido que teníamos reservado, y freímos en aceite de oliva virgen.

- 🔘 Escurrimos y espolvoreamos por encima con una pizca de canela y el resto de azúcar de caña integral y servimos frío.

Un postre clásico, fácil y delicioso.

★ *Dificultad:* Fácil

☾ *Tiempo de preparación:* 10 minutos

MANZANAS ASADAS

Ingredientes

- ✓ 4 manzanas
- ✓ Canela en rama
- ✓ 100 g de azúcar integral de caña

Indicaciones

- Plato vegano.
- Plato tolerado por celíacos.

Elaboración

- Descorazonamos las manzanas.

- En una fuente de hornear echamos un dedo de agua aproximadamente y colocamos las manzanas verticalmente.

- Introducimos en cada una de ellas una ramita de canela y espolvoreamos el azúcar de caña integral por encima.

- Las metemos al horno, previamente precalentado, durante unos 20 minutos a 180 °C.

- Dejamos enfriar.

- Al servirlas, añadimos por encima de cada manzana un chorrito de jugo que quedó en la fuente después de hornear las manzanas.

Toda la salud que aportan las manzanas, con el toque especial de la canela.

149

★ *Dificultad:* Fácil

🕐 *Tiempo de preparación:* 10 minutos

MACEDONIA DE FRUTAS MULTICOLOR

Ingredientes

- ✓ 1 kiwi
- ✓ 2 naranjas de zumo
- ✓ 250 g de fresas
- ✓ 1 pera
- ✓ 1 manzana
- ✓ 1 mango

Indicaciones

- Plato vegano.
- Plato tolerado por celíacos.

Elaboración

- Exprimimos las naranjas y reservamos su zumo en un bol.
- Pelamos y cortamos las frutas en trozos pequeños y los añadimos al bol con el zumo.
- Dejamos reposar 5 minutos y servimos en copas individuales.

Una deliciosa fuente de vitaminas ideal para el desayuno.

* *Dificultad:* Fácil
* *Tiempo de preparación:* 30 minutos

Tarta de Queso y Chocolate

Ingredientes

- ✓ 1/2 kg de queso cremoso
- ✓ 1/2 tableta de chocolate puro
- ✓ 3 huevos
- ✓ 100 g de margarina vegetal
- ✓ 100 g de azúcar de caña integral
- ✓ Nata líquida

Indicaciones

- Plato tolerado por celíacos.

Elaboración

- En una cazuela derretimos a fuego lento el chocolate con un chorrito de nata.

- Aparte, batimos los huevos en otro bol.

- En otra cazuelita derretimos la margarina a fuego lento.

- En otro bol echamos el queso cremoso y le añadimos los huevos batidos, la margarina y el azúcar de caña integral y mezclamos bien con la batidora.

- A continuación, añadimos el chocolate fundido encima de la mezcla y removemos un poco con un tenedor de madera procurando que puedan distiguirse claramente los dos colores, el del chocolate, más oscuro, y el de la crema de queso, más claro.

- Volcamos dentro de un molde de tarta e introducimos al horno, previamente precalentado, durante 20 minutos a 180 °C.

- Dejamos enfriar y servimos.

Una armonía de sabores que hará que esta tarta sea una de las preferidas por todos.

★ *Dificultad:* Fácil

🕐 *Tiempo de preparación:* 25 minutos

FLAN DE CHOCOLATE

Ingredientes

- ✓ 100 g de cacao en polvo
- ✓ 50 g de harina de maíz
- ✓ 750 cl de leche de soja
- ✓ 50 g de azúcar de caña integral
- ✓ 50 g de margarina vegetal

Indicaciones

- Plato vegano.
- Plato tolerado por celíacos.

Elaboración

- En una cazuela calentamos la leche de soja, dejando medio vaso aparte.
- En medio vaso de leche echamos la harina de maíz y el cacao en polvo, removemos bien para que no queden grumos, y reservamos.
- Cuando la leche de la cazuela empiece a hervir, añadimos el vaso de leche con la mezcla que hemos hecho, el azúcar de caña integral y la margarina que habremos derretido previamente.
- Dejamos cocer durante 5 minutos, sin dejar de remover.
- Llenamos con esta mezcla unos moldes pequeños para flanes y los metemos al horno, previamente precalentado, al baño María, durante 20 minutos a 180 ºC.
- Dejamos enfriar, desmoldamos y servimos.

Un postre favorito de los niños, ¡y con mucho alimento!

★ *Dificultad:* Fácil

🕐 *Tiempo de preparación:* 25 minutos

TARTA DE MANZANA

Ingredientes

- ✓ 1 kg de manzana
- ✓ 250 cl de leche
- ✓ 100 g de azúcar de caña integral
- ✓ 50 g de harina de maíz
- ✓ Masa de hojaldre (ver receta en la pág. 184)

Indicaciones

- Plato vegano
- Plato tolerado por celíacos

Elaboración

- Elaboramos el hojaldre según indicamos en su receta y cubrimos un molde de tarta con él. Descorazonamos las manzanas, las pelamos y las cortamos en rodajas finas que partimos por la mitad.

- Cubrimos una fuente de hornear con las rodajas de la manzana, las echamos un poquito de agua por encima e introducimos la fuente al horno, previamente precalentado, durante unos 10 minutos a 180 °C.

- Mientras tanto, en una cazuela cocemos la leche de soja con el azúcar de caña integral, dejando medio vaso de leche para deshacer en ella la harina de maíz.

- Cuando empiece a cocer la leche de la cazuela, añadimos el contenido del vaso y dejamos cocer 5 minutos más, sin dejar de remover.

- A continuación, echamos esta mezcla en el molde ya preparado con el hojaldre y colocamos encima todas las rodajas de manzana.

- Metemos al horno, previamente precalentado durante 15 minutos a 180 °C y dejamos enfriar para servir.

¿Quién puede resistirse a una riquísima tarta de manzana?
Pruebe esta receta elaborada con leche de soja y
azúcar de caña integral. No se arrepentirá.

★ *Dificultad:* Fácil

🕐 *Tiempo de preparación:* 60 minutos

PERAS AL HORNO CON VINO TINTO

Ingredientes

✓ 4 peras maduras

✓ 1/2 de vino tinto

✓ 250 g de azúcar de caña integral

✓ Ralladura de naranja

Indicaciones

● Plato vegano.

● Plato tolerado por celíacos.

Elaboración

● Colocamos las peras enteras en una fuente de hornear.

● Las rociamos con vino y espolvoreamos por encima el azúcar de caña integral y la ralladura de una naranja y las introducimos al horno, previamente precalentado a 200 °C de temperatura, por espacio de 50 minutos.

● Luego, las retiramos, dejamos enfriar y, en el momento de servir, las rociamos con un chorrito del jugo que haya quedado en la fuente.

Un postre clásico de la cocina tradicional que, si no ha probado, no debe dejar de hacerlo.

✳ *Dificultad:* Fácil

🕐 *Tiempo de preparación:* 10 minutos

CREMA DE LIMÓN

Ingredientes

- ✓ 750 cl de yogur natural
- ✓ 100 g de azúcar de caña integral
- ✓ 3 limones

Indicaciones

- ● Plato tolerado por celíacos.

Elaboración

- ● Se ralla la piel de los limones y se les exprime el jugo que se añade al yogur junto con el azúcar de caña integral.

- ● Removemos todo hasta ligar bien y obtener una crema suave. Al servir, espolvoreamos por encima un poquito de ralladura de los limones.

Servida fría, esta crema resulta deliciosa y refrescante.

★ *Dificultad:* Fácil

🕐 *Tiempo de preparación:* 50 minutos

ARROZ CON CHOCOLATE

Ingredientes

✓ 100 g de arroz integral de grano medio

✓ 750 cl de leche de soja

✓ 150 g de azúcar de caña integral

✓ 200 g de chocolate puro

✓ La cáscara de una naranja

✓ 25 g de canela en rama

Indicaciones

● Plato vegano.

Elaboración

● Calentamos la leche de soja con el azúcar, la canela y la cáscara de una naranja cortada.

● Cuando la leche rompa a hervir, echamos el chocolate, que habremos fundido con anterioridad, y el arroz integral.

● Dejamos cocer, removiendo a menudo, durante 45 minutos aproximadamente.

● Dejamos enfriar y servimos.

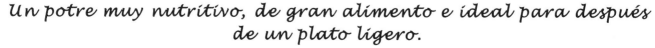

Un potre muy nutritivo, de gran alimento e ideal para después de un plato ligero.

★ *Dificultad:* Fácil

🕐 *Tiempo de preparación:* 10 minutos

CREMA DE PLÁTANO

Ingredientes

- ✓ 2 plátanos
- ✓ 50 g de piñones
- ✓ 1/2 litro de yogur natural
- ✓ 50 g de sésamo crudo o tostado al gusto

Indicaciones

- Plato tolerado por celíacos.

Elaboración

- Triturar los plátanos y los piñones hasta que quede una pasta fina.

- A continuación, añadir el yogur y remover hasta ligarlo todo bien y obtener una crema.

- Espolvorear por encima las semillas de sésamo y servir frío.

Un placer para el paladar y muy indicado para la merienda de los niños.

★ *Dificultad:* Fácil

🕐 *Tiempo de preparación:* 25 minutos

NATILLAS DE COCO Y CANELA CON LECHE DE SOJA

Ingredientes

- ✓ 1/2 litro de leche de soja
- ✓ Canela en polvo
- ✓ Canela en rama
- ✓ Coco rallado
- ✓ 50 g de harina de maíz
- ✓ 100 g de azúcar de caña integral

Indicaciones

- ◉ Plato vegano.
- ◉ Plato tolerado por celíacos.

Elaboración

- ◉ En una cazuela, se pone a hervir la leche de soja con dos ramitas de canela y tres cucharadas de coco rallado, dejando aparte en un vaso un poquito de leche, donde disolvemos la harina de maíz.

- ◉ Cuando esté hirviendo la leche de la cazuela, se retira del fuego y añadimos la leche que teníamos reservada.

- ◉ Se coloca otra vez a fuego lento sin dejar de remover.

- ◉ Cuando empiece a hervir, se retira, se coloca en recipientes individuales y se espolvorea con la canela en polvo.

- ◉ Dejamos enfriar y servimos.

Unas originales natillas con la original y deliciosa mezcla del coco y la canela. ¡Pruébelas!

✳ *Dificultad:* Fácil

🕐 *Tiempo de preparación:* 10 minutos

CREMA DE FRUTAS DEL BOSQUE

Ingredientes

- ✓ 1/2 litro de yogur natural
- ✓ 150 g de frambuesas
- ✓ 150 g de moras
- ✓ 50 g de azúcar de caña integral
- ✓ Canela en polvo.

Indicaciones

- Plato tolerado por celíacos.

Elaboración

- Trituramos las frutas con una batidora durante 1 minuto sin llegar a hacerlas puré.

- Añadimos el yogur natural, el azúcar de caña integral y una pizca de canela en polvo.

- Removemos bien hasta que quede cremosa, y servimos fría.

Una crema de sabor intenso y natural. ¡Una maravilla, y sencillísima de hacer!

159

★ *Dificultad:* Media

🕐 *Tiempo de preparación:* 45 minutos

BUÑUELOS DULCES DE ARROZ

Ingredientes

✓ 200 g de arroz integral de grano corto

✓ 1 litro de leche

✓ 150 g de azúcar integral de caña

✓ 100 g de harina de maíz

✓ 25 g de margarina vegetal

✓ 4 huevos

✓ La ralladura de la piel de un limón

✓ Canela en rama

✓ Aceite de oliva virgen

✓ Sal de hierbas

Indicaciones

● Plato tolerado por celíacos.

Elaboración

● Cocemos en una cazuela el arroz con la leche hasta que el arroz absorba toda la leche, más o menos durante 25 minutos.

● Retirar del fuego la cazuela y añadir la margarina, una ramita de canela, el azúcar de caña integral y una pizca de sal de hierbas.

● Removemos y dejamos reposar hasta que se enfríe.

● Una vez frío, añadimos los huevos que habremos batido previamente, la harina de maíz, la ralladura de limón y mezclamos todo, dejando reposar 2 horas más.

● Retiramos la ramita de canela y, con un utensilio de los que se utilizan para servir los helados, vamos haciendo buñuelos, los introducimos en una sartén con abundante aceite y los freímos hasta que se doren. Servimos bien calientes.

Una sorpresa de sabor, pues la canela y el limón armonizan muy bien con el arroz.

✴ *Dificultad:* Fácil

🕐 *Tiempo de preparación:* 5 minutos

BATIDO DE LIMÓN

Ingredientes

✓ 1/2 litro de yogur natural

✓ 2 limones

✓ 100 g de azúcar de caña integral

Indicaciones

● Plato vegano.

Elaboración

◉ Exprimimos los limones y añadimos su zumo al yogur natural junto con el azúcar de caña integral.

◉ Removemos bien con una batidora hasta que se aclare un poco la crema y servimos bien frío.

Fácil, delicioso y sano. ¿Se puede pedir más?

* *Dificultad:* Fácil
* *Tiempo de preparación:* 10 minutos

BATIDO DE SANDÍA

Ingredientes

✓ 1 sandía grande

✓ Canela en polvo

Indicaciones

* Plato vegano.

* Plato tolerado por celíacos.

Elaboración

* Sacamos la pulpa de la sandía de la piel y retiramos las pipas.

* En un bol la trituramos bien con una batidora y le añadimos una pizca de canela en polvo.

* Removemos bien y servimos bien fría.

* Los golosos pueden endulzar el batido con un poco de azúcar de caña integral, aunque no es necesario si la sandía es dulce.

Nada más refrescante en verano que este delicioso batido, ideal para que los niños tomen fruta.

* *Dificultad:* Fácil
* *Tiempo de preparación:* 5 minutos

BATIDO DE FRESAS

Ingredientes

- 250 g de fresas
- 1/2 litro de yogur natural
- 100 g de azúcar de caña integral

Indicaciones

- Plato tolerado por celíacos.

Elaboración

- Picamos finamente las fresas y mezclamos con el yogur natural y el azúcar de caña integral.
- Lo trituramos todo en una batidora hasta conseguir una mezcla ligera.
- Servimos frío.

En el desayuno o merienda, ¿algún niño —o adulto— puede prescindir del rico y sano batido de fresas de toda la vida?

★ *Dificultad:* Fácil

🕐 *Tiempo de preparación:* 5 minutos

BATIDO TROPICAL

Ingredientes

- ✓ 750 cl de leche de soja
- ✓ 1 mango
- ✓ 1 plátano
- ✓ 1 papaya
- ✓ Miel

Indicaciones

- Plato vegano.
- Plato tolerado por celíacos.

Elaboración

- En una batidora mezclamos el mango, la papaya y el plátano cortados en trocitos pequeños con la leche de soja y una cucharada sopera de miel.
- Batimos bien y servimos frío.

Si lo prueba, este riquísimo batido será su favorito. Lo invitamos a que pruebe otras frutas tropicales como la guayaba o el maracuyá, pero esta combinación que le proponemos es un auténtico placer.

★ *Dificultad:* Fácil

🕐 *Tiempo de preparación:* 5 minutos

BATIDO EL VERGEL

Ingredientes

- ✓ 750 cl de leche de soja
- ✓ 1/2 kg de peras de agua
- ✓ Leche de almendras

Indicaciones

- Plato vegano.
- Plato tolerado por celíacos.

Elaboración

- En una batidora mezclamos la leche de soja con las peras peladas, cortadas y descorazonadas, junto con una cucharada sopera de leche de almendras.
- Trituramos bien y servimos frío.

¿Le sorprende esta combinación? Cuando pruebe este batido, no podrá sino agradecérnoslo.

✳ *Dificultad:* Fácil

🕐 *Tiempo de preparación:* 5 minutos

BATIDO DE CIRUELAS PASAS

Ingredientes

✓ 1/2 litro de yogur natural

✓ 250 g de ciruelas pasas sin hueso

✓ 50 g de azúcar de caña integral

Indicaciones

⊕ Plato tolerado por celíacos.

Elaboración

⊕ Picamos las ciruelas pasas en trozos pequeños.

⊕ Mezclamos con el yogur y el azúcar.

⊕ Lo trituramos todo bien con una batidora hasta conseguir una crema ligera.

⊕ Servir frío.

Un sabor diferente y original que estamos seguros de que le encantará.

✳ *Dificultad:* Fácil

🕐 *Tiempo de preparación:* 10 minutos

BATIDO DE SOJA Y ALMENDRAS

Ingredientes

- ✓ 1/2 kg de almendras crudas peladas
- ✓ 750 cl de leche de soja
- ✓ Leche de almendras
- ✓ 50 g de azúcar de caña integral

Indicaciones

- Plato vegano.
- Plato tolerado por celíacos.

Elaboración

- Picamos bien las almendras en un mortero y las añadimos a la leche de soja junto a dos cucharadas de leche de almendras y el azúcar de caña integral.

- Trituramos todo con una batidora y servimos bien frío.

Una deliciosa y nutritiva fuente de salud, ideal para comenzar el día.

SALSAS

Dificultad: Fácil

Tiempo de preparación: 25 minutos

SALSA AGRIDULCE

Ingredientes

- ✓ 4 cucharadas soperas de aceite de oliva virgen de 0,4º de acidez
- ✓ 1 cucharada sopera de vinagre de manzana
- ✓ 2 cucharadas soperas de aceite de soja
- ✓ Una pizca de pimienta blanca molida
- ✓ Sal de hierbas al gusto
- ✓ 1 cucharada pequeña de azúcar integral de caña.

Indicaciones

- Plato vegano.
- Plato tolerado por celíacos.

Elaboración

- Echamos todos los ingredientes en un recipiente y con una varilla los batimos hasta que estén bien mezclados.

Dificultad: Fácil

Tiempo de preparación: 5 minutos

SALSA DE HIERBABUENA

Ingredientes

- ✓ 100 g de hierbabuena fresca
- ✓ 1 diente de ajo
- ✓ 1/2 cebolla pequeña
- ✓ 20 cl de zumo de naranja natural
- ✓ 4 cucharadas soperas de aceite de oliva virgen de 0,2º de acidez
- ✓ Sal de hierbas al gusto

Indicaciones

- Plato vegano.
- Plato tolerado por celíacos.

Elaboración

- Echamos todos los ingredientes en un recipiente y, con una batidora eléctrica, los trituramos hasta que quede una mezcla líquida.
- Se le puede añadir 2 cucharadas soperas de aceite de girasol y 8 ó 10 pasas, y así el sabor quedará más suave.

Dificultad: Fácil

Tiempo de preparación: 15 minutos

Salsa Bechamel El Vergel

Ingredientes

- ✓ 50 g de harina integral
- ✓ 100 g de margarina vegetal
- ✓ 1 litro de leche de soja
- ✓ 1 pizca de nuez moscada
- ✓ Sal de hierbas y pimienta blanca al gusto

Elaboración

● En una sartén ponemos a derretir la margarina sin dejar que esta llegue a hervir y añadimos la harina tamizada, y removemos sin parar evitando que se formen grumos.

● Agregamos la leche de soja, la nuez moscada, la sal y la pimienta y seguimos removiendo hasta obtener una salsa que no sea demasiado densa.

● Se puede añadir cualquier verdura picada muy finamente, dependiendo del plato para el que se está haciendo la bechamel.

Esta salsa es más líquida que la bechamel convencional. Especialmente se puede usar para hacer pasteles salados, a los que proporciona una ligereza y sutil sabor.

Dificultad: Fácil

Tiempo de preparación: 10 minutos

Salsa Mojo Picón El Vergel

Ingredientes

- ✓ 48 pimiento de piquillo en crudo
- ✓ 1 diente de ajo
- ✓ 4 cucharadas soperas de aceite de oliva virgen
- ✓ 3 cucharadas soperas de vinagre de manzana
- ✓ 1 cucharada pequeña de comino
- ✓ 1 pizca de pimentón dulce
- ✓ 1 cayena pequeña
- ✓ 12 g de pimienta negra
- ✓ 50 g de miga de pan integral

Elaboración

● Se ponen todos los ingredientes en una batidora y se trituran hasta obtener una crema densa.

● Si queda muy espeso o muy picante, se puede rebajar con un poco de agua y se vuelve a triturar hasta conseguir que la masa quede homogénea.

La maravillosa salsa de origen canario, con un toque personal para adecuarla a la cocina con vegetales, es diferente a la elaborada para comer con carne.

Dificultad: Fácil

Tiempo de preparación: 5 minutos

Indicaciones

- Plato vegano.
- Plato tolerado por celíacos.

SALSA VEGANESA

Ingredientes

✓ 10 cl de leche de soja

✓ 1/2 litro de aceite de girasol

✓ 1 diente de ajo

✓ 1 pizca de cebolla

✓ Sal de hierbas y pimienta al gusto

✓ 1 cucharada pequeña de zumo de limón

Elaboración

- En un recipiente ponemos la leche de soja, la cebolla, el ajo, el zumo de limón, la sal y la pimienta y trituramos con una batidora durante un par de minutos hasta que esté todo bien mezclado.

- Sin dejar de batir, añadimos todo el aceite de girasol poco a poco, y ya está lista para servir.

- Esta es la salsa base para la mayoría de las salsas que utilizamos en nuestra cocina vegetariana. Por ejemplo, añadiendo un diente de ajo más y una ramita de perejil, se consigue la salsa alioli *El Vergel*; si se añade 10 cl de tomate frito y una rodaja de remolacha cocida, se consigue la Salsa Rosa *El Vergel*. Se puede sustituir el aceite de girasol por el aceite de oliva virgen 0,4°, si desea una salsa con mayor acidez y de sabor más potente.

Nuestra salsa básica, que sustituye a la mayonesa, es mucho más ligera y mucho más digestiva. Además de que es muy fácil de preparar, su fama nunca se lo perderá.

Dificultad: Fácil

Tiempo de preparación: 10 minutos

- Plato vegano.
- Plato tolerado por celíacos.

SALSA CREMOSA

Ingredientes

✓ 1/2 litro de nata líquida

✓ 1 cucharada pequeña de harina de maíz

✓ Sal de hierbas y pimienta blanca molida al gusto

✓ 1 ramita de estragón

Elaboración

- En un vaso se aportan dos dedos de nata, se añaden la harina de maíz y removemos enérgicamente con un tenedor para evitar la formación de grumos.

- En una cazuela se pone a cocer el resto de la nata, el estragón, la sal y la pimienta blanca.

- Cuando rompa a hervir, se añade poco a poco la mezcla de harina de maíz y nata que teníamos apartada y removemos hasta obtener el espesor deseado.

Una salsa de múltiples aplicaciones y usos que es un acompañamiento ideal para muchas recetas.

Dificultad: Fácil

Tiempo de preparación: 15 minutos

● Plato tolerado por celíacos.

SALSA A LA PIMIENTA VERDE EL VERGEL

Ingredientes

- ✓ 1/2 litro de nata líquida
- ✓ 1 cucharada pequeña de harina de maíz
- ✓ 1/2 cebolla mediana
- ✓ 1/2 calabacín pequeño
- ✓ 1 ramita de albahaca
- ✓ 16 granos de pimienta verde
- ✓ 1 cucharada sopera de vino blanco
- ✓ Sal de hierbas al gusto

Elaboración

● En una sartén sofreímos en el aceite de oliva la cebolla, el calabacín, la albahaca y los granos de pimienta verde.

● En un vaso se apartan dos dedos de nata, se le añade la harina de maíz y removemos con un tenedor para evitar la formación de grumos.

● Cuando el calabacín y la cebolla estén tiernos, incorporamos a la sartén la nata que no habíamos utilizado.

● Al romper a hervir, retiramos la sartén del fuego y trituramos la mezcla con una batidora.

● Una vez licuado, se vuelve a poner al fuego y se agrega la nata con la harina de maíz que teníamos apartada, hasta lograr el espesor deseado. Si se desea una salsa más suave, se le añade un poco más de nata.

En esta receta es básico el uso de pimienta verde en grano por su sabor característico.

Dificultad: Media

Tiempo de preparación: 20 minutos

● Plato tolerado por celíacos

SALSA VERDE

Ingredientes

- ✓ 1/2 litro de nata líquida
- ✓ 100 g de espinacas
- ✓ 2 pimientos verdes medianos
- ✓ 1 cebolla madiana
- ✓ Sal de hierbas al gusto
- ✓ 1 ramita de albahaca
- ✓ 1 cucharada sopera de aceite de oliva virgen de 0,4°

Elaboración

● En una cazuela sofreímos a fuego medio la cebolla troceada con el aceite de oliva.

● Cuando la cebolla esté dorada, añadimos los pimientos también troceados, la albahaca y las espinacas, y seguimos sofriendo un par de minutos más.

● Incorporamos la nata y removemos hasta que empiece a hervir.

● Después, retiramos la cazuela del fuego y trituramos con una batidora.

● Si se desea una salsa más espesa, se puede añadir una cucharada pequeña de harina de maíz.

Una salsa maravillosa que acompaña perfectamente muchos platos. Como sugerencia, se pueden probar unas deliciosas patatas asadas con este plato.

Dificultad: Fácil
Tiempo de preparación: 10 minutos

● Plato tolerado por celíacos.

SALSA AL CABRALES

Ingredientes

- ✓ 1/2 litro de nata
- ✓ 150 g de queso cabrales
- ✓ 1 cebolla pequeña
- ✓ Una pizca de orégano
- ✓ Sal de hierbas al gusto
- ✓ 1 cucharada sopera de vino blanco
- ✓ 10 g de margarina vegetal

Elaboración

● Picamos la cebolla muy finamente.

● En una sartén, ponemos la margarina y sofreímos la cebolla en ella.

● Cuando la cebolla esté dorada, incorporamos el vino y lo dejamos reducir un par de minutos.

● A continuación, añadimos la nata, el orégano y el queso cabrales y removemos hasta disolver el queso y conseguir el espesor deseado.

● Si queda fuerte de sabor, se le puede añadir un poco más de nata y orégano.

Una salsa deliciosa de intenso sabor, ideal para acompañar cualquier tipo de ensalada.

Dificultad: Media
Tiempo de preparación: 60 minutos

● Plato vegano.

● Plato tolerado por celíacos.

SALSA DE TOMATE FRITO

Ingredientes

- ✓ 10 tomates maduros
- ✓ 2 zanahorias pequeñas
- ✓ 2 dientes de ajo
- ✓ 1 pimiento vede
- ✓ 1 cebolla mediana
- ✓ 10 cl de aceite de oliva virgen de acidez 0,4°
- ✓ Orégano y comino para espolvorear
- ✓ Fructosa o azúcar integral de caña
- ✓ Sal de hierbas
- ✓ 10 cl de vina blanco
- ✓ 1 ramita de perejil

Elaboración

● Pelamos y cortamos en trozos no muy pequeños las zanahorias, los tomates, el ajo, el pimiento y la cebolla.

● En una cacerola sofreímos a fuego fuerte durante unos 5 minutos la zanahoria, el ajo, el pimiento, el vino blanco y la cebolla junto con el aceite de oliva, removiendo de vez en cuando para evitar que se quemen.

● Después, añadimos el tomate, el perejil, el azúcar, el comino, la sal y el orégano y removemos durante unos 5 minutos más. Le añadimos agua hasta cubrir y bajamos el fuego, dejándolo hervir durante unos 40 minutos, removiendo de vez en cuando.

● Cuando el líquido haya mermado más o menos la mitad, lo retiramos del fuego y trituramos la mezcla con una batidora. Después, se cuela por un pasapurés para retirar las pieles del tomate, y ya está listo para servir.

Si queda dulce, se añade un poco de sal y unas gotas de vinagre; si queda muy salada, se le añade un poco de azúcar integral de caña o fructosa.

Una salsa muy elaborada pero deliciosa si está bien hecha. Esta receta no te fallará, y además es la preferida de los niños y sirve para acompañar muchos platos.

Dificultad: Fácil

Tiempo de preparación: 10 minutos

SALSA PESTO EL VERGEL

Ingredientes

- ✓ 250 g de nueces
- ✓ 1 ramita de albahaca
- ✓ 2 dientes de ajo
- ✓ 10 cl de aceite de oliva virgen
- ✓ 1 pizca de cebolla
- ✓ Sal de hierbas
- ✓ 1 pizca de pimienta blanca molida

Elaboración

- En un recipiente introducimos la mitad del aceite junto con todos los demás ingredientes y los trituramos con la batidora.

- Le añadimos poco a poco el resto del aceite de oliva hasta obtener una salsa cremosa.

- Se pueden sustituir las nueces por piñones, y la original añade a la mezcla queso parmesano.

La famosa salsa italiana, pero nuevamente con nuestro toque personal. Hemos sustituido la más proteica nuez por los piñones de la receta original, y hemos eliminado el queso para que puedan disfrutarlo los veganos.

Dificultad: Fácil

Tiempo de preparación: 10 minutos

SALSA VINAGRETA

Ingredientes

- ✓ 10 cl de aceite de oliva virgen
- ✓ 2 cucharadas soperas de vinagre de manzana
- ✓ Sal de hierbas
- ✓ Pimienta blanca molida
- ✓ 2 tomates de ensalada pequeños
- ✓ 1 pimiento verde
- ✓ 1/2 cebolla mediana
- ✓ 1/2 pepino
- ✓ 16 alcaparras

Elaboración

- Se pela el pepino y se quitan las semillas del pimiento. Junto con los tomates y la cebolla, se cortan en trozos muy pequeños.

- Se echan en un recipiente y se añade el aceite de oliva, el vinagre de manzana, la sal de hierbas, la pimienta y las alcaparras.

- Se mueve bien y se sirve.

- Se le puede añadir alguna hierba fresca para variar el sabor de la vinagreta, por ejemplo, hierbabuena, cilantro o estragón.

Una original vinagreta que aporta mucha frescura y un toque arábigo-andaluz. La vinagreta es siempre una salsa que se puede y se debe experimentar con distintos ingredientes.

Dificultad: Fácil
Tiempo de preparación: 10 minutos

SALSA DE GUACAMOLE

Ingredientes

- ✓ 4 aguacates
- ✓ 1 pimiento verde
- ✓ 1 pizca de cilantro
- ✓ 1/4 de cebolla
- ✓ 1 cucharada pequeña de zumo de limón
- ✓ 1/2 cayena
- ✓ Sal de hierbas
- ✓ 1 cucharada de aceite de oliva virgen de acidez 0,4°

Indicaciones

- Plato vegano.
- Plato tolerado por celíacos.

Elaboración

- Pelamos y deshuesamos los aguacates.
- En un recipiente ponemos la pulpa de los aguacates junto con la cebolla, el pimiento, el cilantro, el limón, la cayena, la sal de hierbas y el aceite de oliva.
- Se tritura todo hasta conseguir una salsa de textura cremosa.
- Si la salsa queda muy espesa, se le puede añadir un poco de leche de soja.

Dificultad: Fácil
Tiempo de preparación: 5 minutos

- Plato tolerado por celíacos.

SALSA DE PIMIENTOS DE PIQUILLO

Ingredientes

- ✓ 6 pimientos de piquillo
- ✓ 1/2 litro de nata líquida
- ✓ 1 pizca de romero
- ✓ Sal de hierbas
- ✓ 1 pizca de pimienta blanca molida
- ✓ 2 cucharadas de tomate frito

Elaboración

- En un recipiente ponemos la nata, los pimientos de piquillo, el romero, la sal de hierbas, la pimienta blanca molida y el tomate frito.
- Trituramos todo con una batidora hasta conseguir ligar todos los ingredientes.
- Si desea una salsa más espesa, hay que seguir triturando hasta que se monte la nata.

El aromático romero le da un original toque a esta salsa ideal para acompañar pasteles salados.

Dificultad: Fácil

Tiempo de preparación: 10 minutos

SALSA DE MOSTAZA

- Plato vegano.
- Plato tolerado por celíacos.

Ingredientes

- ✓ 50 g de mostaza suave
- ✓ 2 cucharadas soperas de miel de mil flores
- ✓ 10 cl de aceite de oliva virgen
- ✓ 1 cucharada de vinagre de manzana
- ✓ Sal de hierbas
- ✓ Pimienta blanca molida

Elaboración

- En un recipiente ponemos la mostaza, la miel, una pizca de sal de hierbas y otra de pimienta, y la mitad del aceite de oliva virgen.

- Mezclamos todo en una batidora y vamos incorporando poco a poco la otra mitad del aceite de oliva virgen hasta que la salsa coja un poco de espesor.

¡Buenísima! Le recomendamos que la utilice sobre todo en las ensaladas.

Dificultad: Fácil

Tiempo de preparación: 10 minutos

SALSA DE YOGUR

- Plato tolerado por celíacos.

Ingredientes

- ✓ 250 ml de yogur natural
- ✓ 1 chorrito de salsa de soja
- ✓ 1 ramita de cilantro
- ✓ 1/2 cebolla mediana
- Sal de hierbas
- Pimienta blanca molida

Elaboración

- En un recipiente ponemos el yogur, la cebolla muy picada, la salsa de soja y el cilantro, para luego remover bien con una varilla hasta que liguen los ingredientes.

- Añadimos la sal de hierbas y la pimienta blanca al gusto.

Esta salsa puede acompañar cualquier plato, pues la mezcla de ingredientes la hace muy suave y muy sutil de sabor.

Dificultad: Fácil
Tiempo de preparación: 10 minutos

SALSA DE PIMIENTOS ASADOS

Ingredientes

- ✓ 3 pimientos rojos asados
- ✓ 1 cebolla
- ✓ 1 cucharada sopera de aceite de oliva de acidez 0,4°
- ✓ 1 taza de leche de soja
- ✓ Sal de hierbas y pimienta

Elaboración

- Sofreímos la cebolla muy picada y añadimos los pimientos asados, que previamente han sido pelados y cortados en trozos pequeños, y dejamos 1 minuto al fuego.

- Añadimos leche de soja y se deja cocer 5 minutos más.

- Batimos bien la mezcla con una barilla y sazonamos con sal y pimienta al gusto.

- Se puede añadir un poco más de leche o agua si se desea más clara.

Una salsa ideal para acompañar pasteles vegetales o verduras asadas.

Dificultad: Fácil
Tiempo de preparación: 10 minutos

Indicaciones

- Plato tolerado por celíacos.

SALSA TROPICAL

Ingredientes

- ✓ 2 huevos
- ✓ 20 g de mantequilla
- ✓ 2 limones
- ✓ 10 g de azúcar de caña integral
- ✓ 1 pizca de vainilla
- ✓ 1 pizca de pimentón dulce
- Sal de hierbas

Elaboración

- Batimos los dos huevos y les añadimos la mantequilla que previamente habremos derretido al fuego en una cazuela.

- A continuación, le añadimos el zumo de los dos limones, el azúcar de caña, la vainilla, la sal y el pimentón, y removemos todo bien.

Un aire caribeño para esta salsa, ideal para acompañar ensaladas de frutas

Dificultad: Fácil

Tiempo de preparación: 30 minutos

- Plato vegano.
- Plato tolerado por celíacos.

SALSA MILANESA

Ingredientes

- ✓ 2 cebollas
- ✓ 4 tomates maduros
- ✓ 50 g de margarina
- ✓ Sal de hierbas
- ✓ Pimienta blanca molida

Elaboración

- En una cacerola, salteamos las cebollas bien picadas con la margarina durante 2 minutos.

- A continuación, añadimos los tomates, que habremos pelado y triturado con anterioridad, la sal de hierbas y una pizca de pimienta blanca molida, y dejamos cocer durante 25 minutos a fuego lento. Es mejor dejarla reposar antes de servir.

Ideal para pasta y platos de cierta contundencia, como tofu o seitán.

Dificultad: Fácil

Tiempo de preparación: 25 minutos

- Plato vegano.
- Plato tolerado por celíacos.

SALSA BOLOÑESA

Ingredientes

- ✓ 4 tomates maduros
- ✓ 1 cebolla
- ✓ 2 dientes de ajo
- ✓ 100 g de seitán
- ✓ 200 g de tomate
- ✓ Nuez moscada
- ✓ Aceite de oliva
- ✓ 1 cayena
- ✓ Sal de hierbas

Elaboración

- Picamos bien la cebolla, la cayena, el ajo, y lo salteamos 2 minutos en una sartén con un chorrito de aceite de oliva.

- Añadimos el seitán, que habremos picado muy fino, y salteamos 3 minutos más.

- A continuación, incorporamos los tomates, pelados y hechos puré, agregamos la sal de hierbas y una pizca de nuez moscada, removemos y dejamos cocer otros 7 minutos.

- Es aconsejable dejarla reposar unos minutos antes de servir.

Indiscutiblemente la salsa reina para acompañar cualquier plato de pasta.

Preparaciones Especiales

COCCIÓN DEL ARROZ INTEGRAL

Dificultad: Ninguna
Tiempo de preparación: De 40 a 50 minutos

Ingredientes
400 g de arroz integral
1 diente de ajo
1 cebolla pequeña
10 cl de aceite de oliva virgen

Elaboración
En una cazuela ponemos unos 10 cl de aceite de oliva virgen y sofreímos con la cebolla y el diente de ajo bien picados, el arroz integral, durante 3 ó 4 minutos. A continuación, lo cubrimos con dos partes de agua y lo cocemos durante unos 45 minutos.
Se le puede añadir unas ramitas de laurel mientras se está cociendo.
Después, lo ponemos bajo el grifo de agua fría, lo lavamos y reservamos.
A partir de ahí lo podremos utilizar para todas las combinaciones con verduras que se nos ocurra y que a continuación le ofrecemos unas muestras.

COCCIÓN DE LA PASTA INTEGRAL

Dificultad: Ninguna
Tiempo de preparación: De 6 a 7 minutos

Ingredientes
500 g de pasta integral
1 diente de ajo
1 cebolla pequeña
10 cl de aceite de oliva virgen

Elaboración
En una cazuela ponemos unos 10 cl de aceite de oliva virgen, la cebolla, el diente de ajo entero y la pasta integral, lo cubrimos con dos partes de agua y lo cocemos durante unos 7 minutos.
Después, lo ponemos bajo el grifo de agua fría, lo lavamos y reservamos.
A partir de ahí lo podremos utilizar para todas las combinaciones con verduras que se nos ocurra y que a continuación le ofrecemos unas muestras. Si la pasta es de sémola dura, mejor cocerlo durante 11 minutos.

Hojaldre de Harina Integral

Dificultad: Ninguna
Tiempo de preparación: 7 minutos

Ingredientes
150 g de harina integral de trigo
1 huevo
75 g de margarina
Sal de hierbas
Fructosa

Elaboración
En una bandeja ponemos la harina, a la que previamente le habremos quitado el salvado, tamizándola. Hacemos un hueco como si fuera un cráter y echamos el huevo, la mantequilla, que habremos derretido al fuego con anterioridad, y la fructosa. Mezclamos y amasamos unos minutos, y, cuando hayamos conseguido una masa homogénea, lo tapamos. Al cabo de una hora, estará lista para usarse.
Además de como base de muchos pasteles, se puede utilizar como base para hace *pizzas*.

Masa de Crepes

Dificultad: Ninguna
Tiempo de preparación: 5 minutos

Ingredientes
200 g de harina integral de trigo
10 cl de nata líquida
Una pizca de sal de hierbas
2 huevos
1 litro de leche de soja
5 cl de aceite de girasol
Sal de hierbas
Fructosa

Elaboración
Tamizar la harina y retirar el salvado.
En un bol, mezclar la harina tamizada con todos los ingredientes y batir con la ayuda de una varilla hasta conseguir una crema ligera.

184

COCCIÓN DEL MIJO

Dificultad: Ninguna
Tiempo de preparación: 35 minutos

Ingredientes
400 g de mijo
1 diente de ajo
1 cebolla pequeña
10 cl de aceite de oliva virgen

Elaboración
En una cazuela ponemos unos 10 cl de aceite de oliva virgen y sofreímos, durante 3 ó 4 minutos, la cebolla, el diente de ajo bien picados y el mijo.
A continuación, lo cubrimos con dos partes de agua y lo cocemos durante unos 30 minutos.
Se le puede añadir unas ramitas de laurel mientras se está cociendo.
A partir de ahí lo podremos utilizar para todas las combinaciones con verduras que se nos ocurra y que a continuación le ofrecemos unas muestras.

COCCIÓN DEL GARBANZO Y LA JUDÍA

Dificultad: Ninguna
Tiempo de preparación: 1 hora y 45 minutos

Ingredientes
1 kg de judías o garbanzos
Sal de hierbas

Elaboración
Dejamos las judías o los garbanzos en remojo, en agua caliente o templada del grifo, toda la noche.
A la hora de cocerlas, en una cazuela con abundante agua y un poco de sal de hierbas, las dejamos cocer a fuego lento durante 1 hora y 40 y minutos aproximadamente.
Después, las retiramos y enfriamos con agua fría, si queremos guardarlas.

Cocción de la Lenteja Verde y la Soja

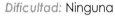

Dificultad: Ninguna
Tiempo de preparación: 30 minutos

Ingredientes
1 kg de lentejas o de soja
Sal de hierbas

Elaboración
Dejamos las lentejas o la soja en remojo toda la noche.
A la hora de cocerlas, en una cazuela con abundante agua y un poco de sal de hierbas, las dejamos cocer a fuego lento hasta que estén tiernas, unos 30 minutos aproximadamente.
Después, las retiramos y enfriamos con agua fría, si queremos guardarlas.

Cocción de las Alcachofas

Dificultad: Ninguna
Tiempo de preparación: 35 minutos

Ingredientes
1 kg de alcachofas naturales
Un chorrito de aceite de oliva virgen
Sal de hierbas
El zumo de un limón

Elaboración
En una cazuela ponemos a calentar agua abundante con un chorrito de aceite y un puñado de sal de hierbas.
En un bol aparte ponemos agua fría con el zumo de limón y reservamos.
Quitamos las capas más duras de las alcachofas, que suelen ser dos, tres o cuatro, cortamos las puntas, dejando la parte más blanca y tierna, y una a una las vamos echando en el bol con el agua y el zumo de limón.

EQUIVALENCIA DE NOMBRES EN OTROS PAÍSES

Aceituna = oliva.

Aguacate = palta, avocado.

Ají = guindilla, chile.

Ajonjolí = sésamo.

Albaricoques = chabacanos, damasco.

Alcachofas = alcauaciles.

Alcaparra = capara, tapara.

Alubia, judía = caraota, poroto.

Anís estrellaso = badiana.

Apio = arrachá, panul, celerí, arracacha, arracacha de los Andes.

Arroz chino = chaufa.

Arroz integral, arroz con cáscara = casulla, palay.

Arveja = guisantes, gandules, chícharo, petit pois.

Batata = boniato, camote, yuca dulce, aje, apicho.

Berenjena = pepino morado, chicha, huistomate, chirimora, chichihua.

Berros = cresón.

Calabacitas = calabacines, chauchitas, zapallitas.

Calabaza = zapallo, ayote, ahuyama, bulé, chiverre.

Calabacín = zapallito largo.

Cebollino = cebollín, cebollina.

Champiñón = hongo blanco, champignon.

Chayote = zapallo espinoso.

Cilantro = coliandro, culantro.

Col = repollo, berza sin rizar.

Crema de leche = nata líquida.

Fresa = frutilla.

Frijoles = frisdes, porotos, judías.

Guisante seco = alverjón, chícharo seco.

Harina integral de trigo = harina de graham.

Hongos = setas, cepas, rovellones.

Judía = alubia, frijol blanco, fréjol, poroto.

Judía o alubia grande = ayocote.

Judías verdes = habichuelas, chauchas, porotos verdes, vainitas, ejotes, prototipos verdes.

Maíz = elote, cholo, choclo.

Maní = cacahuete, cacahue, cacachuate.

Mazorca de maíz tierno = choclo, elote.

Mejorana = almoradux, almoraduj.

Melocotón = durazno.

Naranja = china

Papaya = fruta bomba, lechosa.

páprica = pimiento o guindilla molidos.

Piña = abacaxi, anana.

Pimiento = ají, morrón.

Pimiento picante = chile, chiltepe.

Puerro = ajopuerro, poro.

Remolacha = betabel, betarraga.

Romero = romerito.

Tomate = jitomate.

Tomate pequeño = miltomate.

Toronja = pomelo, cidro.

Tortillas = arepas.

Yuca = mandioca.

Zapallitos = calabacita.

Zapallo = calabaza (ullama).

JERÓNIMO CALVO YAGÜE

Nace el 13 de febrero de 1964. Con 19 años empieza a trabajar en hostelería y a los 30 descubre con entusiasmo la cocina vegetariana. Su afán por aprender cosas nuevas lo llevan a moverse, ya como encargado, por varias empresas de restauración convencional hasta 1994, año en el que comienza su andadura por la cocina vegetariana. En esta descubre con sorpresa una nueva forma de cocinar los vegetales al mismo tiempo que comprueba en sí mismo los efectos beneficiosos para la salud de la cocina vegetariana y ecológica.

Actualmente dirige *EL VERGEL*, lugar donde se dedica a hacer llegar al mayor número de personas posibles este tipo de alimentación.

UNAS PALABRAS SOBRE EL VERGEL

El restaurante *El Vergel* fue fundado en enero de 2003 por Jerónimo Calvo y un grupo de amigos interesados en la alimentación ecológica y sana.

El Vergel es un espacio de ocio que está compuesto por un restaurante vegetariano con capacidad para más de 100 personas sentadas, donde se celebran todo tipo de reuniones de empresa o familiares, siendo especialistas en eventos con menús vegetarianos.

En la elaboración se cuidan mucho todos los aspectos para que, en el momento de la comida, el comensal disfrute de todas las sensaciones que le proporcionan los diferenes sabores, olores y colores de los distintos platos.

También dispone de una multitienda ecológica, donde se pueden adquirir frutas, verduras, conservas, bebidas vegetales, lácteos y quesos, cereales, legumbres, pastas, aceites y vinagres, cafés y cacao, bollería y panadería, patés vegetales, zumos y batidos, cervezas y vinos, miel, etc.

Asímismo, dispone de una librería donde se pueden encontrar las últimas novedades en lo que se refiere a alimentación natural, medicinas alternativas, filosofías, crecimiento personal y psicología, entre otras.

Su herbolario ocupa un lugar privilegiado, donde abundan hierbas curativas y todo tipo de complementos dietéticos y para deportistas.

La cosmética natural y su bazar alternativo completan la oferta de este centro, que está abierto todos los días del año.

Todo lo cual hace de *El Vergel* un centro que se ha convertido en el referente de la alimentación vegetariana y ecológica de Madrid.

Cocina para todos

Vegetariano

Chocolate

Pollo

Bajo en calorías

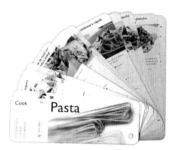
Pasta

Barbacoa

Zumos

Wok

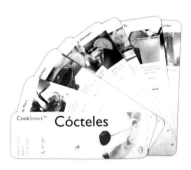
Cócteles

Italiano

Batidos

Aperitivos Tapas

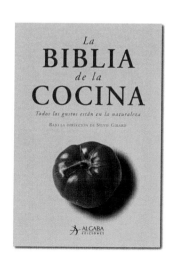
La BIBLIA de la COCINA
Todos los gustos están en la naturaleza
BAJO LA DIRECCIÓN DE SYLVIE GIRARD
ALGABA EDICIONES

El libro de cocina para las chicas que no aprendieron gran cosa de su madre
Nicole Seeman

El libro de cocina para los chicos que quieren dejar boquiabiertas a las chicas
con pocos elementos y aún menos experiencia
Nicole Seeman

La cocina de las hadas o como hacer maravillas sin ser hechicera
Anna et Annie Pavlowitch

Prueba esto y cásate conmigo
Raphaële Vidaling